Sementes Aladas

Sementes Aladas

ANTOLOGIA POÉTICA DE
Percy Bysshe Shelley

Apresentação e Tradução
Alberto Marsicano
John Milton

Edição Bilíngue

Copyright © 2010 by Alberto Marsicano e John Milton

Direitos reservados e protegidos pela Lei 9.610 de 19 de fevereiro de 1998.
É proibida a reprodução total ou parcial sem autorização,
por escrito, da editora.

Dados Internacionais de Catalogação na Publicação (CIP)
(Câmara Brasileira do Livro, SP, Brasil)

Shelley, Percy Bysshe
Sementes Aladas: Antologia Poética /Percy Bysshe Shelly;
tradução Alberto Marsicano, John Milton. – São Paulo:
Ateliê Editorial, 2010.

ISBN 978-85-7480-471-2
Edição bilíngue: português/inglês

1. Poesia inglesa   I. Título

10-00356   CDD-821

Índices para catálogo sistemático:
1. Poesia: Literatura inglesa   821

Direitos reservados à
ATELIÊ EDITORIAL
Estrada da Aldeia de Carapicuíba, 897
06709-300 – Granja Viana – Cotia – SP
Telefax: (11) 4612-9666
www.atelie.com.br / atelie@atelie.com.br

2010

Printed in Brazil
Foi feito o depósito legal

Sumário

Sobre a Tradução 9
Shelley: Uma Vida 11

Sementes Aladas

To a Skylark
A uma Cotovia . . . . 26 / 27

Sonnet: England in 1819
Soneto: Inglaterra 1819 . . . . 36 / 37

Mutability
Mutabilidade . . . . 38 / 39

Ode to the West Wind
Ode ao Vento do Oeste . . . . 42 / 43

Ozymandias
Ozymandias . . . . 50 / 51

To Wordsworth
A Wordsworth . . . . 52 / 53

The Waning Moon
A Lua Minguante . . . . 54 / 55

Stanzas: Written in Dejection, near Naples
Estrofes: Escritos perto de Nápoles, Desapontado. . . . . 56 / 57

Adonais: An Elegy on the Death of John Keats...
Adonais: Uma Elegia sobre a Morte de John Keats... . . . . 62 / 63

Julian and Maddalo: A Conversation
Julian e Maddalo: Uma Conversação. . . . . 108 / 109

Sobre os Tradutores 157

Sobre a Tradução

Este é o primeiro livro de traduções dos poemas de Shelley em língua portuguesa. A tradução caracteriza-se, antes de tudo, pela extrema fidelidade e alta definição do significado poético, revelando o profundo sentido filosófico que emanta os versos de Shelley.

O trabalho foi feito a quatro mãos, John fazendo uma tradução literal que Marsicano aprimorava e a rimava no português.

Apresentamos aqui alguns dos mais inspirados escritos de Percy Bysshe Shelley, um dos mais importantes poetas da língua inglesa, aqui pela primeira vez traduzidos numa obra exclusivamente a ele dedicada em língua portuguesa.

Gostaríamos de agradecer a grande ajuda e as sugestões de Dirceu Villa e Telma Franco.

ALBERTO MARSICANO

JOHN MILTON

SHELLEY: UMA VIDA

Percy Bysshe Shelley (1792-1822) nasceu em 4 de agosto de 1792, em Field Place, perto de Horsham, no condado agrícola de Sussex, no sul da Inglaterra, numa família rica e aristocrata. Seu pai, Timothy Shelley, pertencia à camada mais baixa da nobreza, e era membro do parlamento inglês. Como a maioria dos meninos de sua classe social, numa idade bastante jovem, "Bysshe", como era conhecido, foi mandado a um internato, e, entre a idade de dez e doze anos Shelley estudou na Syon House Academy, internato no sudoeste de Londres.

Nasceu numa época de fervor revolucionário, três anos após a Revolução Francesa, no ano da publicação de *The Rights of Man* [*Os Direitos do Homem*], de Tom Paine, e no ano da declaração de guerra do exército francês ao resto da Europa. Essa década também viu o começo da revolução industrial na Inglaterra, que trouxe um aumento enorme na produção de têxteis e produtos metalúrgicos no norte e no centro, além do começo do movimento da classe operária, que visava melhorar as condições de trabalho da grande massa operária.

Shelley é o mais político dos grandes poetas românticos ingleses. Embora conhecido hoje sobretudo por sua poesia lírica, tal como "A uma Cotovia", "Adonais" e "Ozymandias", Shelley sempre deu mais importância às suas ideias políticas radicais, que estão na sua poesia mais longa e em sonetos como "Inglaterra 1819".

Foi considerado um menino prodígio, de talentos excepcionais, que inventava histórias, organizava peças de teatro, fazia experiências químicas, fosse na casa em Sussex, fosse na escola de Syon House, assustando membros da família e professores com seus testes feitos com pólvora e outras substâncias químicas. Com pais distantes, desde cedo Shelley tinha um relacionamento muito próximo com suas irmãs, especialmente Elizabeth, dois anos mais nova.

Depois da Syonn House Academy, Shelley foi para Eton, perto de Windsor, a mais famosa das Public Schools, os grandes internatos particulares, em sua maioria caríssimos. Shelley entrou em Eton quando tinha doze anos, e lá estudou por seis anos. Sempre rebelde, Shelley resistiu ao sistema de *fagging* de Eton, pelo qual os meninos menores trabalhavam como se fossem serventes para os veteranos. E, nos primeiros anos, era conhecido como "Mad Shelley", uma figura ridicularizada pelos outros meninos.

Porém, nos dois últimos anos em Eton, fez amizade com um professor, Dr. Lind, que o encorajou em suas leituras dos clássicos. Shelley já começaria como tradutor, vertendo os primeiros quinze livros da *Historia Naturalis*, de Plínio, e escrevendo também *Zastrozzi*, um romance gótico em pastiche, a única obra, publicada em vida, que lhe deu lucro – quarenta libras, uma quantia bastante grande na época.

Em 1810 entrou na University College, um dos mais prestigiosos *colleges* da Universidade de Oxford. Conforme a biografia de seu grande amigo, Thomas Jefferson Hogg, Shelley passou muito tempo lendo e em estudo solitário. Desprezava muitos dos professores, e não sentia nenhum tipo de desafio intelectual na universidade, cujo currículo naquela época limitava-se a um pouco de leitura de latim e grego, além da presença obrigatória nos cultos anglicanos diários. Além disso, havia muita bebedeira, festas e encontros com prostitutas. Mas, em fevereiro de 1811, a carreira de Shelley em Oxford terminou. Ele escreveu e distribuiu a vários dos professores e religiosos mais importantes da universidade – o grande centro da religião anglicana – o panfleto *The Necessity of Atheism* [*A Necessidade de Ateísmo*], escrito junto com Thomas Jefferson Hogg. Os dois não pediram desculpas oficiais e foram expulsos.

Após sua expulsão da Universidade de Oxford, seu pai veio visitá-lo e insistiu que renunciasse ao ateísmo, ao vegetarianismo, ao amor livre, e ao radicalismo político. Shelley se recusou e seus problemas financeiros começaram, pois seu pai se recusou a lhe dar dinheiro.

Após sua expulsão de Oxford, começou a passar muito tempo com as irmãs Westbrook, Eliza, de 29 anos, e Harriet, de dezesseis, filhas de um negociante que também havia sido dono de uma *coffee house*. Shelley logo começou a influenciar as ideias de Harriet, o que culminou na fuga do casal em 25 de agosto para casar-se na Escócia, onde as leis aceitavam casamentos aos dezesseis anos sem permissão dos pais (na Inglaterra somente podiam casar-se com 21 anos). Em Edimburgo encontraram-se com o grande amigo de Shelley, Hogg, que passou a maior parte da lua de mel com os recém-casados.

No outono de 1812, Shelley alugou uma pequena *cottage* em Keswick, perto dos Poetas dos Lagos, Wordsworth, Coleridge, Southey e de Quincey. Provavelmente Shelley imaginou a possibilidade de juntar-se a eles para formar uma comunidade de poetas, mas somente chegou a conhecer Southey. Coleridge estava em Londres dando uma série de palestras, e Wordsworth, que brigara com Coleridge, não se encontrou com Shelley. E Shelley, de qualquer forma, não se deu muito bem com o conservadorismo de Southey.

Em Keswick, Shelley começou a se interessar mais por uma política radical, e, influenciado pelas ideias de William Godwin, pensou em formar uma sociedade ideal. Mas não era muito bem aceito por seus vizinhos mais conservadores, que conheciam suas ideias radicais, e chegou a sofrer um misterioso ataque, possivelmente por suas crenças políticas, na sua casa em Keswick em janeiro de 1812.

No começo de fevereiro de 1812, Shelley e Harriet viajaram para a Irlanda com o intuito de distribuir panfletos a favor da independência, pois a Irlanda, nessa época, era colônia inglesa. Porém, sem bons contatos e com pouco conhecimento da situação verdadeira do país, sua missão foi um fracasso.

De volta à ilha britânica, Shelley e Harriet viajaram para o País de Gales, onde planejaram estabelecer uma comunidade radical, e depois seguiram para o condado de Devon, no sudoeste da Inglaterra, para a pequena cidade de Lynmouth, bastante isolada nessa época, onde distribuiu sua *Declaration of Rights* [*Declaração de Direitos*], baseada nas declarações de direitos da França e dos Estados Unidos. Usou métodos bizarros para distribuí-la, amarrando-a a balões, semelhantes aos balões de festas juninas no Brasil!

Em outubro de 1812, os Shelley foram para Londres tentar conseguir financiamento para a comunidade e Shelley conheceu pela primeira vez William Godwin e sua família: sua filha Mary, de quinze anos (sua primeira mulher Mary Woolstonecraft, feminista pioneira e autora de *A Vindication of the Rights of Women* [*Uma Reivindicação dos Direitos das Mulheres*], morreu ao dar à luz a filha Mary); a filha de Mary Woolstonecraft com Imlay, chamada Fanny, de dezoito anos; a segunda mulher de Godwin, a prática Mrs. Clairmont; seus dois filhos, Charles, dezoito, e Jane, quinze; e o filho de Godwin e Mrs. Clairmont, Charles, de sete anos. Mas o relacionamento mais profundo que Godwin tinha era com sua filha Mary.

Pouco depois, em novembro de 1812, Shelley começou a trabalhar como agente para levantar uma quantia em dinheiro para o projeto "Embankment", que pretendia reforçar uma barragem e limpar terrenos para serem aproveitados pelos camponeses na região norte do País de Gales. Trabalhou lá durante o inverno, desenvolvendo um bom relacionamento com os operários da região. Mas, em 26 de fevereiro de 1813, um intruso entrou na casa dos Shelley e disparou uma pistola. O incidente nunca foi esclarecido, mas pareceu uma tentativa de assassinar Shelley, possivelmente por razões políticas, e organizada pelos líderes da comunidade, totalmente contrários a seu radicalismo político.

Depois de uma visita rápida à Irlanda, Shelley e Harriet foram para Londres, onde iriam ficar durante os próximos meses. O poema de Shelley em nove cantos, "Queen Mab" ["Rainha Mab"], que ataca a monarquia, a guerra, a tirania, a exploração econômica e a religião, especialmente o cristianismo, foi publicado no verão de 1813. "Queen Mab" foi a mais popular das obras políticas de Shelley, e várias edições piratas se seguiram nos próximos trinta anos, tanto na Inglaterra quanto nos Estados Unidos.

Em 23 de junho de 1813 nasceu Eliza Ianthe, primogênita de Shelley e Harriet. Mas na época do nascimento de Ianthe, Shelley apaixonou-se por Mary Godwin, com quem sentia muito mais proximidade intelectual do que com a mais ingênua Harriet. No final de junho, jantou todos os dias na casa dos Godwin. Com sua crença no amor livre, Shelley não sofreu nenhum tipo de remorso ao abandonar Harriet. Mary foi igualmente atraída pela intensidade das ideias de Shelley.

Em 29 de junho, confessou seu amor por Mary ao pai dela, a quem acabara de emprestar uma quantia de dinheiro, conseguida devido à herança que recebeu após a morte do seu próprio pai. Esse seria o primeiro de muitos empréstimos a Godwin.

Em 28 de julho de 1814, Shelley fugiu com Mary, que ia completar dezessete anos, levando junto Jane, a filha de Godwin e

Mrs. Clairmont, também de dezesseis anos. Foram para Dover, onde a mãe de Jane os alcançou, mas sem conseguir convencer sua filha a voltar. Depois atravessaram o Canal da Mancha para França. Chegando a Paris, foram a pé rumo à Suíça, onde sua intenção era a de formar uma comunidade socialista de pessoas com ideias semelhantes. Depois de um mês chegaram a Lucerna, mas deprimidos, com falta de dinheiro, e, sob chuva constante, decidiram voltar para a Inglaterra, onde chegaram em 13 de setembro. Durante a viagem Shelley escreveu uma novela não acabada, *The Assassins* [*Os Assassinos*] (1814), e seu diário da viagem, *Six Weeks' Tour* [*Viagem de Seis Semanas*], que, retrabalhado por Mary, foi publicado em 1817.

Durante os próximos meses Shelley, agora responsável pelas duas moças adolescentes, teve problemas financeiros com credores e dificuldades para levantar mais dinheiro. Porém, em janeiro, Shelley herdou uma soma anual de mil libras de seu avô, e isso aliviou seus problemas financeiros.

Existiram tensões no relacionamento *ménage à trois* entre a mais volátil Jane, que, em novembro de 1814, mudou seu primeiro nome para Claire, e a mais calma e pacífica Mary. Essas complicações foram exacerbadas ainda mais pelo nascimento do segundo filho, Charles, de Harriet e Shelley, em 30 de novembro de 1814. Em 22 de fevereiro Mary deu à luz uma menina, que sobreviveu somente catorze dias.

Em 1815 a *ménage* morou em vários lugares em Londres. Godwin, apesar de criticar a fuga de Shelley e Mary, continuou exigindo dinheiro de Shelley. Shelley estudou e traduziu os clássicos gregos, completando seu primeiro livro de poemas, *Alastor*, publicado no começo de 1816. O poema central, "Alastor", é uma investigação sobre o funcionamento da mente, e Shelley também incluiu no livro seus sonetos a Wordsworth e a Bonaparte.

Nos próximos meses, Claire mandou vários bilhetes a Lord Byron, resultando numa amizade entre os dois. Byron, de 28 anos, acabara de separar-se de sua mulher, Isabella Milbanke. Em abril de 1816, junto com Byron, seguiram para Genebra. Alugaram casas, e, em junho, decidiram que cada um deveria contar uma história de fantasmas. O conto de Mary foi à base do seu romance *Frankenstein*, publicado em 1818. No final do verão, já cansados com o conservadorismo de Genebra e a falta de aceitação da parte de seus vizinhos, voltaram para Inglaterra, já com Claire grávida com a filha de Byron, que se chamaria Allegra (Alba). Enquanto esteve na Suíça, Shelley escreveu o "Hymn To Intellectual Beauty" ["Hino à Beleza Intelectual"] e "Mont Blanc".

Após voltar para a Inglaterra, em outubro de 1816, ocorreu uma grande tragédia, quando a meio-irmã de Mary, Fanny Imlay, suicidou-se. Em dezembro de 1816 aconteceu outra, quando Harriet, aparentemente grávida de outro homem, se afogou no Lago Serpentine, no Hyde Park, no centro de Londres. Shelley depois casou-se com Mary, em 30 de dezembro, antes do nascimento de William, que se deu em janeiro de 1817, mas ele perdeu a posse definitiva dos seus dois filhos com Harriet, que ficaram com a família da mãe.

A partir de fevereiro de 1817, Shelley, Mary, Claire, os dois filhos de Shelley e Mary, e Alba, a filha de Claire com Byron, mudaram-se para Harlow, a nordeste de Londres. No final de maio, Mary entregou o manuscrito de *Frankenstein*. Em 2 de setembro, nasceu Clara, mais uma filha para Shelley e Mary.

Nesse período, Shelley escreveu "Laon and Cyntha", um poema longo sobre dois irmãos, também amantes, que se tornaram os líderes de uma revolução que teria ocorrido no Oriente, mas na verdade baseada na Revolução Francesa. Tanto na "Introdução" a "Laon and Cyntha" quanto no panfleto que Shelley escreveu pela morte de Princesa Charlotte, "On the Death of Princess Charlotte" ["Na Morte da Princesa Charlotte"], ele critica a falta de representação parlamentar das camadas mais baixas da população e a exploração dos operários nas novas fábricas da Inglaterra. "Laon and Cyntha", excluindo as referências ao amor incestuoso, substituindo *friend* e *lover* por *brother* e *sister*, foi finalmente publicado com o título "The Revolt of Islam" ["O Revolto do Islã"], em janeiro de 1818. Dois dos seus poemas mais famosos foram também publicados nesse ano: "Ozymandias" e "To a Skylark" ["A uma Cotovia"].

Após conseguir uma quantia bastante grande por tomar um seguro de vida "pós-óbito", pelo qual, se ele mesmo morresse antes do seu pai a seguradora receberia boa parte de sua herança, a *ménage à trois*, mais crianças e empregadas, atravessou o Canal da Mancha de novo em março de 1818. Não iriam mais voltar à Inglaterra.

Chegando na Itália, passaram por Livorno, Lucca, e depois Veneza, em agosto de 1818, onde Shelley mais uma vez encontrou-se com Byron, que foi a base para Conde Maddalo no poema "Julian and Maddalo". No final de setembro morreu a criança Clara, em Veneza, após uma viagem a Pádua que Shelley insistiu em fazer. Clara morreu nos braços de Mary enquanto esperava, numa taverna, que Shelley encontrasse um médico.

Outra filha, Elena Adelaide, que nasceu no final de 1818 e que morreu aos dois anos, foi registrada como de Shelley e Mary, mas muitos críticos consideram que era de Claire. Entretanto, a tese de Richard Holmes, em *Shelley: The Pursuit*, é ainda outra: seria filha de Elise Foggi, a ama das crianças. Holmes concorda, com outros autores, que Claire engravidou de Shelley, mas acredita que Claire abortou.

Em dezembro de 1818, deprimido e amargurado, e distanciado de Mary, Shelley compôs "Stanzas: Written in Dejection, near Naples" ["Estrofes: Escritos perto de Nápoles, Desapontado"]. Numa visita em 1819, o primo de Shelley, Medwin, descreveu o poeta de 28 anos como "alto, magro, algo torto, com fios brancos no cabelo".

Em Roma, na primavera de 1819, Shelley trabalhou no seu poema dramático "Prometheus Unbound" ["Prometeu Libertado"], sobre a figura do libertador sobrenatural, terminado em abril, seguido de "The Cenci" ["Os Cenci"], um melodrama doméstico sobre uma família medieval italiana, com o tema central da vingança. Poucos dias antes de sua partida planejada de Roma, em junho de 1819, seu filho William morreu.

A próxima parada foi Livorno, onde ficaram perto da família Gisborne. Mary estava cada dia mais introvertida, e Shelley aproximava-se cada vez mais de Claire. No começo de setembro, Shelley soube do massacre de Peterloo, ocorrido em Manchester em 16 de agosto, quando soldados ingleses haviam dispersado uma manifestação pacífica a favor de reforma eleitoral em Manchester, matando onze pessoas e ferindo 421, muitos com golpes de espada. Shelley escreveu "The Mask of Anarchy" ["A Máscara da Anarquia"], uma balada, um dos seus mais bem-sucedidos poemas, para lembrar o evento e exigir direitos humanos mais abrangentes para a classe operária inglesa. Esse poema junta a figura da Anarquia com as forças que defendiam o Estado contra a reforma parlamentar, assim a ordem oficial da monarquia seria somente mantida por meio de ações anárquicas, contra o bem-estar geral, como o massacre de cidadãos inocentes.

Em 25 de outubro de 1819, já em Florença, num dia de ventania que trazia chuva, escreveu talvez seu poema mais famoso, "Ode to the West Wind" ["Ode ao Vento do Oeste"], e logo depois o poema "Peter Bell the Third" ["Peter Bell o Terceiro"], que satirizava o atual conservadorismo de Wordsworth, que, na sua juventude, havia sido um radical. O quarto filho de Shelley e Mary, que tomou o nome do pai e do lugar de nascimento – além de ser o único que sobreviveria –, foi Percy Florence Shelley, nasceu em 12 de novembro de 1819.

As ideias de Shelley podem ser vistas no ensaio "A Philosophical Review of Reform" ["Uma Revisão Filosófica da Reforma"]: elas enfatizam a emergência gradual do conceito de liberdade através da história da humanidade. Shelley critica os turnos longos de trabalho nas fábricas, a falta de presença "constitucional" do povo, e a herança de propriedade.

Entre outras ideias, propõe que a dívida nacional seja cancelada. Isso, ele acredita, somente ajuda a fazer os ricos mais ricos, e poderia ser um elemento central numa reforma social. Acredita que os poetas e artistas deveriam trabalhar enquanto guardiões morais da sociedade, críticos permanentes dos legisladores. Também planejou uma antologia de *Popular Songs* [*Canções Populares*], que incluiria "The Mask of Anarchy" ["A Máscara da Anarquia"], "Song to the Men of England" ["Canção aos Homens da Inglaterra"] e "Sonnet: England in 1819" ["Soneto: Inglaterra 1819"], os dois últimos publicados pela primeira vez somente em 1839.

Após Florença, em agosto de 1820, os Shelley se mudaram para Pisa, e houve um enfraquecimento do relacionamento da *ménage à trois*, com Claire passando cada vez mais períodos longos fora da casa de Shelley e Mary. Em Pisa, escreveu "Epipsychidion", escrito para Emilia Viviani, uma jovem italiana, encorajando-a a escapar do convento onde estava enquanto aguardava as negociações do seu casamento. Em Pisa também escreveu o conhecido *Defence of Poetry* [*Defesa da Poesia*], que contém algumas das suas ideias mais provocativas sobre poesia. Primeiro, a tradução é uma vaidade: "it were as wise to cast a violet into a crucible that you might discover the formal principle of its colour and odor, as to seek to transfuse from one language to another the creations of a poet" ("seria tão sábio jogar uma violeta em um caldeirão para que se pudesse descobrir o princípio formal de sua cor e de seu perfume, como fazer uma transfusão das criações de um poeta de uma língua para outra"). A poesia também fortalece nossa natureza moral, estendendo os poderes da imaginação. Defende escritos e escritores eróticos. Quando a sociedade está num estado de declínio moral, os escritores procuram esse tipo de escritura como uma última possibilidade. O ponto central da *Defesa* é que a poesia é uma força a favor dos princípios da liberdade na sociedade.

Em abril de 1821, soube da morte de John Keats, poeta que começara a apreciar, e escreveu então "Adonais", sua elegia a Keats, no verão de 1821. Reencontrou Byron em Florença em agosto.

Durante o inverno de 1821 a 1822, Shelley teve bastante contato com Byron e começou a traduzir o *Fausto* de Goethe, talvez uma referência ao próprio Byron! Porém houve mais más notícias em abril, quando os dois souberam que a filha de Byron e Claire, Allegra, havia morrido no convento de Bagnacavallo. Tinha cinco anos. Em abril de 1822 a *ménage* de Shelley mudou-se para a Baía de Spezia. Na Itália, Shelley se dedicava a seu passatempo favorito: velejar.

Em maio de 1822, começou a compor o último poema longo de sua vida, "The Triumph of Life" ["O Triunfo da Vida"], no qual a imagem central é a conquista da vida sobre todo ser humano: ficamos mais velhos; nossas mentes declinam, e nunca conseguimos o autoconhecimento espiritual.

Em julho de 1822, viajou de barco a Livorno para encontrar-se com seu amigo Leigh Hunt. Durante a viagem de volta, a pequena escuna, Ariel, naufragou e levou Shelley, com seu amigo Edward Williams, em 8 de julho de 1822. Shelley não sabia nadar. Os cadáveres foram encontrados na praia em

Viareggio, onde, na presença de Lord Byron e Leigh Hunt, foram incinerados na praia. As cinzas de Shelley foram depois sepultadas no Cemitério Protestante de Roma, onde também se encontram as cinzas de Keats.

Bibliografia

HOLMES, Richard. *Shelley: The Pursuit*. London, Weiden Feld & Nicolson, 1974.

Sementes Aladas

TO A SKYLARK

~

Hail to thee, blithe Spirit!
  Bird thou never wert,
That from Heaven, or near it,
  Pourest thy full heart
In profuse strains of unpremeditated art.

Higher still and higher
  From the earth thou springest
Like a cloud of fire;
  The blue deep thou wingest,
And singing still dost soar, and soaring ever singest.

In the golden lightning
  Of the sunken sun,
O'er which clouds are bright'ning,
  Thou dost float and run;
Like an unbodied joy whose race is just begun.

A UMA COTOVIA

Salve, Espírito da alegria!
Pássaro nunca foste,
Que do Céu ou cercania.
Teu pleno coração abriste
No prodigioso improviso que cantaste.

Mais alto e incessante
Da terra saltas
Qual nuvem flamejante;
No azul profundo voas,
Ainda cantando sobes, ainda subindo cantas.

No dourado esplendor
Do sol poente,
Sobre a nuvem multicor,
Flutuas veloz e contente;
No incorpóreo júbilo da jornada iniciante.

The pale purple even
  Melts around thy flight;
Like a star of Heaven,
  In the broad daylight
Thou art unseen, but yet I hear thy shrill delight,

  Keen as are the arrows
    Of that silver sphere,
  Whose intense lamp narrows
    In the white dawn clear
Until we hardly see – we feel that it is there.

  All the earth and air
    With thy voice is loud,
  As, when night is bare,
    From one lonely cloud
The moon rains out her beams, and Heaven is overflowed.

  What thou art we know not;
    What is most like thee?
  From rainbow clouds there flow not
    Drops so bright to see
As from thy presence showers a rain of melody.

  Like a Poet hidden
    In the light of thought,
  Singing hymns unbidden,

A tarde púrpura se vela
E se esvai em torno teu voar
Como no Céu uma estrela
Na luz do dia a cintilar
Oculta, ainda escuto teu agudo deleitar.

Afilada qual seta
Da esfera prateada,
Cuja luz forte se projeta
Na aurora clareada
Até sumir – sentimos sua revoada.

Toda terra e o céu
Fazem tua voz soar imensa,
Como quando, na noite qual breu,
Atrás de uma nuvem de solitária nuança
A transbordante chuva de luar do Céu se lança.

Não sabemos a imagem;
Que de ti se assemelha?
Das nuvens de arco-íris não fluem
Gotas tão brilhantes onde se olha
Como em tua presença, chuva de melodias que se espalha.

Como um Poeta velado
Na luz do intelecto,
Cantando um hino não clamado,

Till the world is wrought
To sympathy with hopes and fears it heeded not:

Like a high-born maiden
  In a palace-tower,
Soothing her love-laden
  Soul in secret hour
With music sweet as love, which overflows her bower:

Like a glow-worm golden
  In a dell of dew,
Scattering unbeholden
  Its aëreal hue
Among the flowers and grass, which screen it from the view!

Like a rose embowered
  In its own green leaves,
By warm winds deflowered,
  Till the scent it gives
Makes faint with too much sweet those heavy-wingèd thieves:

Sound of vernal showers
  On the twinkling grass,
Rain-awakened flowers,
  All that ever was
Joyous, and clear, and fresh, thy music doth surpass:

Até o mundo se forjar decerto
Em simpatia com esperança e temor inaudito.

Como donzela elegante
Na torre da cidadela,
Suavizando sua mente
Na hora secreta e singela
Com a doce melodia que irradia e revela.

Como o vaga-lume dourado
Espargindo invisível
No vale orvalhado,
Sua luz aérea e indizível
Entre as flores e a relva aprazível!

Como a rosa oculta
Por sua verde folhagem,
Que o vento ardente as pétalas solta,
Mas sem demora os perfumes letargem
Com doçura o ladrão de fortes asas na pilhagem:

O som da chuva de verão
Na grama cintilante,
Os botões em plena floração,
E tudo mais neste instante
Alegre e claro se esvai ante tua música vibrante:

Teach us, Sprite or Bird,
   What sweet thoughts are thine:
I have never heard
   Praise of love or wine
That panted forth a flood of rapture so divine.

Chorus Hymeneal,
   Or triumphal chant,
Matched with thine, would be all
   But an empty vaunt,
A thing wherein we feel there is some hidden want.

What objects are the fountains
   Of thy happy strain?
What fields, or waves, or mountains?
   What shapes of sky or plain?
What love of thine own kind? what ignorance of pain?

With thy clear keen joyance
   Languor cannot be:
Shadow of annoyance
   Never came near thee:
Thou lovest — but ne'er knew love's sad satiety.

Waking or asleep,
   Thou of death must deem
Things more true and deep

Ensina-nos, Espírito ou Ave,
   Qual é teu doce pensamento:
Nunca houve
   Vinho ou do amor, o canto
Que ofegasse em êxtase e tal divino encanto.

Coral de Himeneu,
   Ou canção triunfal,
Comparados ao canto teu
   Não passam de alarde banal,
Certa coisa em que sentimos faltar algo real.

Quais são as fontes
   De tua alegre toada?
Quais campos, ondas ou montes?
   Quais formas no céu ou esplanada?
Amor da tua estirpe? Dor jamais sofrida?

Com teu regozijo claro e lapidar
   O langor não tem sentido:
A sombra do pesar
   Nunca esteve a teu lado:
Amas – mas o sofrer do amor jamais te foste outorgado.

Dormente ou acordada,
   Sobre a morte cogitas
Algo mais verdadeira e profunda

Than we mortals dream,
Or how could thy notes flow in such a crystal stream?

We look before and after,
And pine for what is not:
Our sincerest laughter
With some pain is fraught;
Our sweetest songs are those that tell of saddest thought.

Yet if we could scorn
Hate, and pride, and fear;
If we were things born
Not to shed a tear,
I know not how thy joy we ever should come near.

Better than all measures
Of delightful sound,
Better than all treasures
That in books are found,
Thy skill to poet were, thou scorner of the ground!

Teach me half the gladness
That thy brain must know,
Such harmonious madness
From my lips would flow
The world should listen then — as I am listening now.

Que a sonhamos nós mortais,
Senão, como fluiriam tuas notas qual claros mananciais?

Olhamos para trás e para frente,
Saudosos do que não existe:
Em nosso riso mais contundente
Alguma dor persiste;
Nossas mais doces canções são as que evocam a alma triste.

Se pudéssemos esquecer
O orgulho, o medo e a cizânia;
Se viéssemos a nascer
Para não chorar em demasia,
Nem saberia como poderíamos alçar tua alegria.

Maior que as métricas de ouro
Com cadência sonora,
Maior que todo tesouro
Que o livro encerra,
Seria teu dom poético, tu que desprezas a terra!

Ensina-me metade da alegria
Que conhece tua mente,
Então a louca harmonia
De meus lábios sairia fluente
E o mundo me ouviria – como te escuto neste instante.

Sonnet: England in 1819

An old, mad, blind, despised, and dying king, –
Princes, the dregs of their dull race, who flow
Through public scorn, – mud from a muddy spring, –
Rulers who neither see, nor feel, nor know,
But leech-like to their fainting country cling,
Till they drop, blind in blood, without a blow, –
A people starved and stabbed in the untilled field, –
An army, which liberticide and prey
Makes as a two-edged sword to all who wield, –
Golden and sanguine laws which tempt and slay;
Religion Christless, Godless – a book sealed;
A Senate, – Time's worst statute unrepealed, –
Are graves, from which a glorious Phantom may
Burst, to illumine our tempestuous day.

Soneto: Inglaterra 1819

Um velho rei, louco, cego, desprezado e moribundo,
Príncipes, a borra de sua lerda raça, que sofrem
O escárnio público, lama de um manancial imundo,
Governantes que não veem, sentem ou sabem
Mas qual sanguessugas apegam-se ao país a fundo,
Até que sem golpe, cegos de sangue caem;
O povo faminto e ferido num campo não lavrado,
Um exército cujo liberticídio e pilhagem
Tornam-se faca de dois gumes a todo soldado,
Leis douradas e sanguinárias que matam e seduzem;
Religião sem Cristo ou Deus – um livro selado;
Um Senado – o pior estatuto do tempo não revogado,
São tumbas, das quais um fantasma glorioso
Pode saltar a iluminar nosso dia tempestuoso.

Mutability

We are as clouds that veil the midnight moon;
How restlessly they speed, and gleam, and quiver,
Streaking the darkness radiantly! – yet soon
Night closes round, and they are lost for ever:

Or like forgotten lyres, whose dissonant strings
Give various response to each varying blast,
To whose frail frame no second motion brings
One mood or modulation like the last.

We rest. – A dream has power to poison sleep;
We rise. – One wandering thought pollutes the day;
We feel, conceive or reason, laugh or weep;
Embrace fond woe, or cast our cares away:

MUTABILIDADE

Somos qual nuvens que velam a lua à meia-noite;
Com que agito brilham, vibram e correm,
Raiando radiantes a escuridão – Mas de repente
A noite as envolve e para sempre se esvaem:

Qual liras esquecidas cujas cordas dissonantes
A cada sopro dão respostas variadas,
A cuja frágil estrutura, as moções ondulantes
Mutam-se às modulações passadas.

Repousamos – O sonho pode o sono envenenar;
Levantamos – Polui o dia um pensamento; vagueante;
Vamos sentir, rir ou chorar e raciocinar;
Abraçamos o adverso ou deixamos o inquieto:

It is the same! – For, be it joy or sorrow,
   The path of its departure still is free:
Man's yesterday may ne'er be like his morrow;
   Nought may endure but Mutability.

É o mesmo! – Tristeza ou alegria
Abre-se ainda o caminho da saída:
Ontem jamais será o mesmo dia;
Fica a Mutabilidade e mais nada.

ODE TO THE WEST WIND

I

O wild West Wind, thou breath of Autumn's being,
Thou, from whose unseen presence the leaves dead
Are driven, like ghosts from an enchanter fleeing,

Yellow, and black, and pale, and hectic red,
Pestilence-stricken multitudes: O thou,
Who chariotest to their dark wintry bed

The wingèd seeds, where they lie cold and low,
Each like a corpse within its grave, until
Thine azure sister of the Spring shall blow

Her clarion o'er the dreaming earth, and fill
(Driving sweet buds like flocks to feed in air)
With living hues and odours plain and hill:

ODE AO VENTO DO OESTE

I

Ó selvagem vento do Oeste; tu, do Outono o alento
Tu, de cuja presença invisível as folhas mortas
São varridas qual espectros que fogem do encanto,

Amarelas, negras, pálidas e febrilmente rubras,
Hordas sofrendo de peste; Ó tu, ventania,
Que a seu escuro leito de inverno arrastas

As sementes aladas, de forma profunda e fria,
Que jazem qual mortos nas criptas, até soprar
Tua irmã azul, a Primavera tardia,

Sua trompa sobre a terra sonhadora, e ornar
Com cores vivas e perfumes as planícies e montes
(Levando botões qual rebanhos para no ar alimentar)

Wild Spirit, which art moving everywhere;
Destroyer and preserver; hear, oh, hear!

II

Thou on whose stream, mid the steep sky's commotion,
Loose clouds like earth's decaying leaves are shed,
Shook from the tangled boughs of Heaven and Ocean,

Angels of rain and lightning: there are spread
On the blue surface of thine aëry surge,
Like the bright hair uplifted from the head

Of some fierce Maenad, even from the dim verge
Of the horizon to the zenith's height,
The locks of the approaching storm. Thou dirge

Of the dying year, to which this closing night
Will be the dome of a vast sepulchre,
Vaulted with all thy congregated might

Of vapours, from whose solid atmosphere
Black rain, and fire, and hail will burst: oh, hear!

III

Thou who didst waken from his summer dreams
The blue Mediterranean, where he lay,
Lulled by the coil of his crystàlline streams,

Espírito selvagem, que por toda parte corres
Destruidor e preservador; ouve meus dizeres!

II
Sobre tua corrente, no alto céu a agitar,
Nuvens soltas que qual folhas mortas despencam,
Sacudidas dos galhos emaranhados do Céu e do Mar,

Relâmpagos e anjos da chuva: Esvoaçam
Sobre o plano azul de tua aérea ondulação
Qual cabelos brilhantes que na cabeça eriçam

De uma Mênade feroz da escura amplidão
Do horizonte, até a altura zenital,
As tranças da tormenta. Tu, funesta canção

Do ano moribundo, que nesta noite fatal
Será o domo da vasta sepultura,
Abobadada com teu poder magistral

De vapores, e de cuja sólida atmosfera
Chuva negra, fogo e granizo, eclodirão: Ouve agora!

III
Tu, que dos sonhos de verão tens despertado
O azul Mediterrâneo onde ele se deitava,
No espiral de tuas cristalinas correntes embalado

Beside a pumice isle in Baiae's bay,
And saw in sleep old palaces and towers
Quivering within the wave's intenser day,

All overgrown with azure moss and flowers
So sweet, the sense faints picturing them! Thou
For whose path the Atlantic's level powers

Cleave themselves into chasms, while far below
The sea-blooms and the oozy woods which wear
The sapless foliage of the ocean, know

Thy voice, and suddenly grow gray with fear,
And tremble and despoil themselves: oh, hear!

IV
If I were a dead leaf thou mightest bear;
If I were a swift cloud to fly with thee;
A wave to pant beneath thy power, and share

The impulse of thy strength, only less free
Than thou, O uncontrollable! If even
I were as in my boyhood, and could be

The comrade of thy wanderings over Heaven,
As then, when to outstrip thy skiey speed
Scarce seemed a vision; I would ne'er have striven

E na baía de Baiae, uma ilha púmice ladeavas
Vias no sonho antigos palácios e torres
Que no dia mais quente das ondas tremulavam

Cobertos de musgo azul e flores
Tão doces que ao descrevê-los desfalece o sentido
Tu, para cujo curso do Atlântico, os poderes

Fendem-se em abismos enquanto mais fundo
As flores do mar e os limosos bosques que a flora
Sem seiva do oceano vestem e vão conhecendo

Tua voz, e grises de medo, sem demora
Tremem e se despojam; Oh, Ouve agora!

IV
Se eu fosse uma folha morta que pudesses levar;
Se eu fosse uma nuvem veloz e contigo voar decerto,
Uma onda arfante sob teu poder, e partilhar

O impulso de tua força, somente menos liberto
Que tu. Se eu, quando criança,
Ó incontrolável, de perto

Pudesse acompanhar pelo céu tua andança
Então, ultrapassar tua aérea velocidade
Não seria um sonho; E jamais teria perseverança

As thus with thee in prayer in my sore need.
Oh, lift me as a wave, a leaf, a cloud!
I fall upon the thorns of life! I bleed!

A heavy weight of hours has chained and bowed
One too like thee: tameless, and swift, and proud.

V
Make me thy lyre, even as the forest is:
What if my leaves are falling like its own!
The tumult of thy mighty harmonies

Will take from both a deep, autumnal tone,
Sweet though in sadness. Be thou, Spirit fierce,
My spirit! Be thou me, impetuous one!

Drive my dead thoughts over the universe
Like withered leaves to quicken a new birth!
And, by the incantation of this verse,

Scatter, as from an unextinguished hearth
Ashes and sparks, my words among mankind!
Be through my lips to unawakened earth

The trumpet of a prophecy! O, Wind,
If Winter comes, can Spring be far behind?

Como agora, contigo em oração na necessidade.
Ó ergue-me qual onda, nuvem, folha instável
Caio nos espinhos da vida! Sangro de verdade!

O peso dos anos acorrentou e curvou implacável
Alguém igual a ti: ligeiro, soberbo e indomável.

V

Faz de mim tua lira, qual floresta frondosa:
E se minhas folhas como as delas caem afinal
O tumulto de tua harmonia poderosa

Tomarão delas um profundo tom outonal
Doce embora triste. Sê tu, feroz espírito,
Meu espírito! Incorpora-me, ó temperamental!

Arrasta pelo universo meu pensar morto
Como folhas secas, para apressar um novo nascer!
Através de tua poesia o encanto,

Espalha como se fossem brasas a incandescer,
Cinzas e fagulhas, minhas palavras à humanidade!
Por meus lábios a terra ainda adormecida, possa ser

A trombeta de uma profecia! Ó vento que invade
Quando vier o inverno, a primavera chegará tarde?

OZYMANDIAS

I met a traveller from an antique land
Who said: Two vast and trunkless legs of stone
Stand in the desert… Near them, on the sand,
Half sunk, a shattered visage lies, whose frown,
And wrinkled lip, and sneer of cold command,
Tell that its sculptor well those passions read
Which yet survive, stamped on these lifeless things,
The hand that mocked them, and the heart that fed:
And on the pedestal these words appear:
"My name is Ozymandias, king of kings:
Look on my works, ye Mighty, and despair!"
Nothing beside remains. Round the decay
Of that colossal wreck, boundless and bare
The lone and level sands stretch far away.

Ozymandias

Conheci um viajante de uma terra ancestral
Contou-me: Sem tronco, duas pernas enormes
Erguem-se no deserto... Perto delas no areal,
Semienterrada, a cabeça em partes disformes,
Franze o cenho, e o escárnio de um comando glacial,
Mostra-nos que o escultor captou bem o seu estado
Que ainda sobrevive estampado nessas pedras estéreis,
A mão que dele troçou e o coração que foi alimentado;
E no pedestal estão grafadas as seguintes palavras:
"Meu nome é Ozymandias, rei dos reis:
Ó Poderosos, rendei-vos ao olhar minhas obras!"
Nada além permanece. Ao redor do desolamento
Da ruína colossal, infinitas e desertas
As areias planas e solitárias se estendem ao vento.

To Wordsworth

Poet of Nature, thou hast wept to know
That things depart which never may return:
Childhood and youth, friendship and love's first glow,
Have fled like sweet dreams, leaving thee to mourn.
These common woes I feel. One loss is mine
Which thou too feel'st, yet I alone deplore.
Thou wert as a lone star, whose light did shine
On some frail bark in winter's midnight roar:
Thou hast like to a rock-built refuge stood
Above the blind and battling multitude:
In honoured poverty thy voice did weave
Songs consecrate to truth and liberty, –
Deserting these, thou leavest me to grieve,
Thus having been, that thou shouldst cease to be.

A Wordsworth

Poeta da Natureza, choraste quando soubeste
Que as coisas partem para nunca mais voltar:
Infância e juventude, e o primeiro amor que tiveste,
Se foram qual doces sonhos, deixando teu pesar.
Sinto esta dor comum. Uma perda é minha
Também a sentes, e apenas eu deploro afinal.
Eras a estrela singular, cuja luz brilhava sozinha
Sobre o tênue barco ao bramir da noite invernal:
Como um refúgio rochoso te ergueste
Sobre a turba cega e agreste:
Na honrada pobreza tua voz foi o tear
Do cantar à verdade e à liberdade oferecido, –
Dele desertaste me levando a lamentar,
Que deixes de ser, uma vez tendo sido.

THE WANING MOON

And like a dying lady, lean and pale,
Who totters forth, wrapped in a gauzy veil,
Out of her chamber, led by the insane
And feeble wanderings of her fading brain,
The moon arose up in the murky East,
A white and shapeless light—

A Lua Minguante

Qual dama pálida, delgada definhante,
Que envolta em gaze sai oscilante,
De sua câmara levada pelo demente
Vaguear de sua mente
A lua ergueu-se no Leste turvo
Luz vaga e alva.

STANZAS:

WRITTEN IN DEJECTION, NEAR NAPLES

I

The sun is warm, the sky is clear,
  The waves are dancing fast and bright,
Blue isles and snowy mountains wear
  The purple noon's transparent might,
  The breath of the moist earth is light,
Around its unexpanded buds;
  Like many a voice of one delight,
The winds, the birds, the ocean floods,
The City's voice itself, is soft like Solitude's.

II

I see the Deep's untrampled floor
  With green and purple seaweeds strown;
I see the waves upon the shore,
  Like light dissolved in star-showers, thrown:

Estrofes:

escritos perto de nápoles, desapontado

I
O céu é claro, o sol é quente
  A onda dança ligeira e brilhante
Ilhas azuis, e o monte nevado veste
  A força do meio-dia púrpura transparente
  A terra úmida respira suavemente
Ao redor do seu fechado botão;
  Como vozes várias de um só deleite
A voz dos pássaros, do vento, do vagalhão,
E da cidade é suave qual a Solidão.

II
Vejo o fundo intocado do mar
  Com algas verdes e púrpuras espalhadas;
Vejo as ondas sobre a praia a vagar,
  Com luz solvida em chuvas estreladas:

I sit upon the sands alone, –
The lightning of the noontide ocean
  Is flashing round me, and a tone
  Arises from its measured motion,
How sweet! did any heart now share in my emotion.

III
Alas! I have nor hope nor health,
  Nor peace within nor calm around,
Nor that content surpassing wealth
  The sage in meditation found,
  And walked with inward glory crowned –
Nor fame, nor power, nor love, nor leisure.
  Others I see whom these surround –
  Smiling they live, and call life pleasure; –
To me that cup has been dealt in another measure.

IV
Yet now despair itself is mild,
  Even as the winds and waters are;
I could lie down like a tired child,
  And weep away the life of care
  Which I have borne and yet must bear,
Till death like sleep might steal on me,
  And I might feel in the warm air
  My cheek grow cold, and hear the sea
Breathe o'er my dying brain its last monotony.

Sento-me só nas praias desoladas
Ao meio-dia, o oceano a reluzir
Cintila a meu redor, notas moduladas
Erguem-se de seu comedido ir e vir,
Que doce! Alguém partilharia meu sentir.

III

Ai! Sem saúde e esperança,
Nem paz interior ou calma sensação,
Nem a faculdade suprema e imensa
Que o sábio encontrou na meditação,
Vivia coroado na interior glorificação –
Nem fama, poder, nem amor ou lazer.
Vejo outros nessa satisfação –
Sempre sorrindo, chamam a vida prazer; –
Este cálice noutra medida vim a receber.

IV

Mas agora, a desilusão é moderada
Como a água e o vento a soprar
Poderia deitar qual criança cansada,
E a vida de inquietude lamentar,
Que tive e ainda irei levar,
Até a morte como o sono surgir
E eu sinta no ar quente a face esfriar.
Em minha mente, do mar queira ouvir
Sua derradeira monotonia expelir.

V

Some might lament that I were cold,
As I, when this sweet day is gone,
Which my lost heart, too soon grown old,
Insults with this untimely moan;
They might lament – for I am one
Whom men love not, – and yet regret,
Unlike this day, which, when the sun
Shall on its stainless glory set,
Will linger, though enjoyed, like joy in memory yet.

V

Alguns poderiam dizer que eu era gélido
  Pois quando este dia alegre terminar,
O que meu coração perdido e envelhecido
  Com esta inoportuna lamúria vai insultar;
  Talvez lamentem – pois sou, posso jurar,
Malvisto por todos – e lamentar a história
  Não como este dia quando o sol a brilhar
Custará a declinar em sua imaculada glória
Ficará, embora vivido, como a vida na memória.

ADONAIS

AN ELEGY ON THE DEATH OF JOHN KEATS, AUTHOR OF ENDYMION, HYPERION ETC.

Thou wert the morning star among the living,
Ere thy fair light had fled;
Now, having died, thou art as Hesperus, giving
New splendour to the dead.

MOSCHUS

I

I weep for Adonais – he is dead!
O, weep for Adonais! though our tears
Thaw not the frost which binds so dear a head!
And thou, sad Hour, selected from all years
To mourn our loss, rouse thy obscure compeers,
And teach them thine own sorrow, say: "With me
Died Adonais; till the Future dares
Forget the Past, his fate and fame shall be
An echo and a light unto eternity!"

II

Where wert thou, mighty Mother, when he lay,
When thy Son lay, pierced by the shaft which flies
In darkness? where was lorn Urania
When Adonais died? With veilèd eyes,

Adonais

UMA ELEGIA SOBRE A MORTE DE JOHN KEATS,
AUTOR DE ENDYMION, HYPERION ETC.

Brilhavas entre os vivos qual a estrela matutina,
Antes que esvaisse seu belo fulgor;
Agora brilhas qual estrela vespertina,
Dando aos que se foram novo esplendor.

MOSCHUS

I

Choro por Adonais – está morto agora!
Oh! Chorai por Adonais! Embora nosso pranto
Não derreta o gelo que cinge uma mente tão cara!
E tu, triste Momento, entre todos anos eleito
A lamentar a perda, ergue teus amigos do peito,
E os ensina teu pesar, diz: "Comigo, na verdade,
Morreu Adonais; até o Futuro ter o despeito
De esquecer o Passado, sua fama e fatalidade
Serão um eco e luz para a eternidade!"

II

Onde estavas, Mãe poderosa, quando ele tombava
Quando teu Filho tombava, atingido pela seta lançada
Na escuridão? A solitária Urânia onde estava
Quando morreu Adonais? Com a mirada velada,

'Mid listening Echoes, in her Paradise
She sate, while one, with soft enamoured breath,
Rekindled all the fading melodies,
With which, like flowers that mock the corse beneath,
He had adorned and hid the coming bulk of Death.

III

Oh, weep for Adonais – he is dead!
Wake, melancholy Mother, wake and weep!
Yet wherefore? Quench within their burning bed
Thy fiery tears, and let thy loud heart keep
Like his, a mute and uncomplaining sleep;
For he is gone, where all things wise and fair
Descend; – oh, dream not that the amorous Deep
Will yet restore him to the vital air;
Death feeds on his mute voice, and laughs at our despair.

IV

Most musical of mourners, weep again!
Lament anew, Urania! — He died,
Who was the Sire of an immortal strain,
Blind, old, and lonely, when his country's pride,
The priest, the slave, and the liberticide,
Trampled and mocked with many a loathèd rite
Of lust and blood; he went, unterrified,
Into the gulf of death; but his clear Sprite
Yet reigns o'er earth; the third among the sons of light.

Entre a miríade de Ecos, em seu Paraíso escutada,
Sentava-se, enquanto alguém, com alento enamorado,
Reavivava toda melodia esmaecida,
Com a qual, tal flores que zombam do finado,
Adornara e ocultara o fardo da morte chegado

III

Oh, chorai por Adonais – Está morto neste instante!
Acorda, Mãe melancólica, acorda para chorar!
Mas por quê? Apaga em tua alcova flamejante
Tuas lágrimas ardentes, e deixa teu coração entrar
Como ele, num sono tranquilo a vagar;
Pois já se foi, onde tudo que é sábio e magistral
Descende; oh, as Profundezas do amor, não vá sonhar
Que elas o trarão de volta ao ar vital;
A morte nutre-se de sua mudez, e zomba de nosso mal

IV

Mais musical das carpideiras, chora novamente!
Lamenta outra vez, Urânia! Morreu,
Aquele que era o Pai de uma estirpe permanente,
Cego, velho e solitário, quando o orgulho de seu
País o sacerdote, o liberticida e o cativo plebeu
Pisoteavam, zombando com rito imundo
De luxúria e sangue; sem medo irrompeu,
No golfo da morte; Mas seu Espírito límpido
Filho terceiro da luz, reina ainda neste mundo.

V

Most musical of mourners, weep anew!
Not all to that bright station dared to climb;
And happier they their happiness who knew,
Whose tapers yet burn through that night of time
In which suns perished; others more sublime,
Struck by the envious wrath of man or god,
Have sunk, extinct in their refulgent prime;
And some yet live, treading the thorny road,
Which leads, through toil and hate, to Fame's serene abode.

VI

But now, thy youngest, dearest one, has perished —
The nursling of thy widowhood, who grew,
Like a pale flower by some sad maiden cherished,
And fed with true-love tears, instead of dew;
Most musical of mourners, weep anew!
Thy extreme hope, the loveliest and the last,
The bloom, whose petals nipped before they blew
Died on the promise of the fruit, is waste;
The broken lily lies – the storm is overpast.

VII

To that high Capital, where kingly Death
Keeps his pale court in beauty and decay,
He came; and bought, with price of purest breath,
A grave among the eternal. – Come away!

V

Mais musical das carpideiras, chora novamente!
Nem todos ousaram ascender à estação brilhante;
Os que souberam de sua alegria são os mais contentes,
Cujos círios ainda ardem naquela noite
Que os sóis findaram; outros mais sublimes, de repente
Pegos pela ira invejosa, humana ou divina,
Afundaram, extintos em seu auge refulgente;
E alguns ainda vivem, trilhando a espinhosa sina,
Que pelo labor e ódio, ao tranquilo lar da Fama nos inclina.

VI

Mas agora, teu filho mais novo e mais caro pereceu –
O fruto de tua viuvez, que qual pálida flor
Amada por alguma donzela triste cresceu,
Nutrida em vez de orvalho, por lágrimas de amor;
Mais musical das carpideiras, chora novamente com fervor!
Tua extrema esperança, a mais bela e derradeira florada,
Cujas pétalas foram cortadas antes do tempo impor
Morreu na promessa do fruto, desperdiçada;
O lírio rompido caiu – a tormenta é finda.

VII

À alta Capital, onde a majestosa Morte no entanto
Na decadência e na beleza mantém sua pálida corte,
Ele veio e comprou ao preço do mais puro alento,
Um túmulo entre os eternos – Parte!

Haste, while the vault of blue Italian day
Is yet his fitting charnel-roof! while still
He lies, as if in dewy sleep he lay;
Awake him not! surely he takes his fill
Of deep and liquid rest, forgetful of all ill.

VIII

He will awake no more, oh, never more! —
Within the twilight chamber spreads apace
The shadow of white Death, and at the door
Invisible Corruption waits to trace
His extreme way to her dim dwelling-place;
The eternal Hunger sits, but pity and awe
Soothe her pale rage, nor dares she to deface
So fair a prey, till darkness, and the law
Of change, shall o'er his sleep the mortal curtain draw.

IX

Oh, weep for Adonais! —The quick Dreams,
The passion-wingèd Ministers of thought,
Who were his flocks, whom near the living streams
Of his young spirit he fed, and whom he taught
The love which was its music, wander not, —
Wander no more, from kindling brain to brain,
But droop there, whence they sprung; and mourn their lot
Round the cold heart, where, after their sweet pain,
They ne'er will gather strength, or find a home again.

Corre, quando a abóbada azul do dia italiano verte
Ainda o teto próprio à sua cripta! Suspenso
Deita-se, como num sono orvalhado; não o desperte!
Pois certamente satisfaz-se imerso,
Todo mal esquecendo, no liquido e profundo descanso.

VIII

Não mais acordará, oh, nunca mais!
Cresce dentro do quarto crepuscular
A sombra da Morte branca, e nos portais
A Corrupção invisível espera traçar
Seu caminho extremo ao mortal e negro lar;
A Fome eterna senta-se, mas o espanto e a compaixão
Acalmam sua lívida ira e nem ousa deformar
Presa tão formosa, até que a lei e a escuridão
Da mudança, a cortina mortal sobre seu sono cerrarão.

IX

Oh, chora por Adonais! Os Sonhos veementes
Ministros de ideias alados da paixão
Eram seu rebanho, aos quais junto às vitais correntes
De seu jovem espírito, ele nutria e pregava a emoção,
Que era sua música, não mais vaguearão, –
Não vagueiam mais, iluminando de pensar a pensar,
Mas murcham onde brotaram; lamentam
Em torno ao frio coração onde após seu doce pesar,
Jamais recuperarão a força, ou encontrarão outro lar.

X

And one with trembling hands clasps his cold head,
And fans him with her moonlight wings, and cries;
"Our love, our hope, our sorrow, is not dead;
See, on the silken fringe of his faint eyes,
Like dew upon a sleeping flower, there lies
A tear some Dream has loosened from his brain".
Lost Angel of a ruined Paradise!
She knew not 'twas her own; as with no stain
She faded, like a cloud which had outwept its rain.

XI

One from a lucid urn of starry dew
Washed his light limbs as if embalming them;
Another clipped her profuse locks, and threw
The wreath upon him, like an anadem,
Which frozen tears instead of pearls begem;
Another in her wilful grief would break
Her bow and wingèd reeds, as if to stem
A greater loss with one which was more weak;
And dull the barbèd fire against his frozen cheek.

XII

Another Splendour on his mouth alit,
That mouth, whence it was wont to draw the breath
Which gave it strength to pierce the guarded wit,
And pass into the panting heart beneath

X

Com as mãos trêmulas, a fria cabeça uma delas segura,
E o abana com suas asas de luar e chora;
"Nosso amor, nossa esperança, nosso pesar perdura;
Vede, na franja sedosa de seus lânguidos olhos agora,
Como orvalho numa flor que dorme aflora
Uma lágrima que algum Sonho do pensar pingou".
Anjo perdido de um Paraíso em ruínas! Embora
Não soubesse que era sua lágrima, pois se retirou
Imaculada, qual nuvem que toda sua chuva chorou.

XI

Um anjo de uma urna de orvalho estrelado
Lavou seus tênues membros como se os embalsamasse;
Outro cortou sua longa cabeleira, e após ter lançado
Sobre ele a grinalda como um anátema, num passe,
Que gélida lágrima em vez de pérola a ornasse;
Outro, em seu forte pesar, romper queria
Sua arca e flautas aladas, como se reduzir pudesse,
Uma pena maior por outra de menor valia;
E amainar as fagulhas em sua face fria.

XII

Outro Esplendor, em sua boca foi iridescer,
A boca com que costumava respirar
Ou dava-lhe força para penetrar a barreira do saber,
E o coração ofegante, embaixo alcançar

With lightning and with music: the damp death
Quenched its caress upon his icy lips;
And, as a dying meteor stains a wreath
Of moonlight vapour, which the cold night clips,
It flushed through his pale limbs, and passed to its eclipse.

XIII

And others came… Desires and Adorations,
Wingèd Persuasions and veiled Destinies,
Splendours, and Glooms, and glimmering Incarnations
Of hopes and fears, and twilight Phantasies;
And Sorrow, with her family of Sighs,
And Pleasure, blind with tears, led by the gleam
Of her own dying smile instead of eyes,
Came in slow pomp; — the moving pomp might seem
Like pageantry of mist on an autumnal stream.

XIV

All he had loved, and moulded into thought,
From shape, and hue, and odour, and sweet sound,
Lamented Adonais. Morning sought
Her eastern watch-tower, and her hair unbound,
Wet with the tears which should adorn the ground,
Dimmed the aëreal eyes that kindle day;
Afar the melancholy thunder moaned,
Pale Ocean in unquiet slumber lay,
And the wild Winds flew round, sobbing in their dismay.

Com relâmpagos e música: A morte úmida foi saciar
Seu abraço em seu lábio gélido;
E qual meteoro agonizante, mancha a grinalda lunar
No vapor de luz pela fria noite espargido,
Sua eclipse passando, percorreu seu corpo pálido.

XIII

E outros chegaram... Desejos e Adorações,
Persuasões aladas e Esplendores,
Destinos velados, Melancolias e vislumbres de Encarnações
De Esperanças e Temores e Fantasias crepusculares;
E Pesar, com sua família de Suspiros e Dores
E Prazer, cego de lágrimas, pelo fulgor conduzido,
Ao invés dos olhos, por seu próprio sorriso nos estertores,
Vinham numa lenta pompa; que seguia qual algo parecido
A um cortejo nebuloso num rio outonal estendido.

XIV

Tudo que amara e concebera em pensamento,
De forma, cor, doce som e fragrância perfumada,
Lamentava Adonais. A manhã buscava no entanto
Sua torre oriental, e sua cabeleira desgrenhada,
De lágrimas ao chão gotejando, molhada,
Ofuscavam os olhos aéreos que lampejam o dia;
Longe, murmurava a melancólica trovoada,
O lívido Oceano, um sono inquieto dormia,
E Ventos selvagens sopravam, soluçando em sua nostalgia.

XV

Lost Echo sits amid the voiceless mountains,
And feeds her grief with his remembered lay,
And will no more reply to winds or fountains,
Or amorous birds perched on the young green spray,
Or herdsman's horn, or bell at closing day;
Since she can mimic not his lips, more dear
Than those for whose disdain she pined away
Into a shadow of all sounds: — a drear
Murmur, between their songs, is all the woodmen hear.

XVI

Grief made the young Spring wild, and she threw down
Her kindling buds, as if she Autumn were,
Or they dead leaves; since her delight is flown,
For whom should she have waked the sullen year?
To Phoebus was not Hyacinth so dear
Nor to himself Narcissus, as to both
Thou, Adonais: wan they stand and sere
Amid the faint companions of their youth,
With dew all turned to tears; odour, to sighing ruth.

XVII

Thy spirit's sister, the lorn nightingale
Mourns not her mate with such melodious pain;
Not so the eagle, who like thee could scale
Heaven, and could nourish in the sun's domain

XV

Eco perdido paira entre as montanhas silentes,
Alimenta a dor com seu lar relembrado,
E jamais responderá aos ventos e fontes,
Aos ternos pássaros pousados no ramo esverdeado,
Ao berrante do pastor ou ao sino do dia findo;
Pois não pode imitar seus lábios com mais ardores
Que aqueles cujo desdém houvera-lhe definhado
Tornando-se sombra de todos os sons: – lúgubres rumores
Entre suas canções, é tudo que escutam os lenhadores.

XVI

O pesar tornou selvagem a jovem Primavera, que arrojou
Seus novos botões, como se fosse Outono,
Ou eles, folhas mortas; desde que seu deleite cessou,
Para quem deveria ter desperto o ano soturno?
Febo não tinha por Jacinto querer tão insano
Nem Narciso por si mesmo, como por tal duplicidade
Tu, Adonais: abatidos e idosos, estão no abandono
Entre os distantes companheiros de sua juventude,
O orvalho tornou-se lágrimas e o aroma, suspirante verdade.

XVII

O solitário rouxinol, de teu espírito se irmanava
Não poderia enlutar seu par com tal dor harmoniosa;
Diverso da águia, que como tu, ao Céu se alçava
Nutrindo na dimensão solar luminosa

Her mighty youth with morning, doth complain,
  Soaring and screaming round her empty nest,
  As Albion wails for thee: the curse of Cain
  Light on his head who pierced thy innocent breast,
And scared the angel soul that was its earthly guest!

XVIII

  Ah, woe is me! Winter is come and gone,
  But grief returns with the revolving year;
  The airs and streams renew their joyous tone;
  The ants, the bees, the swallows reappear;
  Fresh leaves and flowers deck the dead Seasons' bier;
  The amorous birds now pair in every brake,
  And build their mossy homes in field and brere;
  And the green lizard, and the golden snake,
Like unimprisoned flames, out of their trance awake.

XIX

  Through wood and stream and field and hill and Ocean
  A quickening life from the Earth's heart has burst
  As it has ever done, with change and motion,
  From the great morning of the world when first
  God dawned on Chaos; in its stream immersed,
  The lamps of Heaven flash with a softer light;
  All baser things pant with life's sacred thirst;
  Diffuse themselves; and spend in love's delight,
The beauty and the joy of their renewèd might.

Da manhã, sua juventude poderosa,
Lamenta-se, ao redor do ninho vazio revoante,
Como Albion que por ti pranteia: que a maldição tenebrosa
De Caim recaia sobre quem apunhalou teu peito inocente,
E assustou a alma angélica, sua hóspede terreal imanente!

XVIII

Ai de mim! O inverno veio e foi embora,
Mas a dor retorna com os anos que giram;
As formigas, as abelhas, as andorinhas ressurgem agora
Os ares e os rios, seu tom alegre renovaram;
Novas flores e folhas, o féretro de findas Sazões decoram;
Os ternos pássaros em cada bosque se aglomeram,
E suas casas de musgo nos campos ergueram;
E o verde lagarto e a cobra dourada volveram,
Qual flamas libertas, que do transe despertaram.

XIX

Pelos bosques, rios, campos, Oceanos e montes
No coração da terra rebentou uma vida veloz
Com mudança e moção, como sempre o fez,
Desde a grande aurora do mundo quando o Caos
Foi iluminado por Deus; nas correntes imersos,
Os lumes celestes cintilam com suave fulgor;
Ofegam na sede sacra da vida, os básicos elementos;
A beleza e a alegria de seu renovado vigor
Espargem-se e esvaem-se na delícia do amor.

XX

The leprous corpse, touched by this spirit tender,
Exhales itself in flowers of gentle breath;
Like incarnations of the stars, when splendour
Is changed to fragrance, they illumine death
And mock the merry worm that wakes beneath;
Nought we know, dies. Shall that alone which knows
Be as a sword consumed before the sheath
By sightless lightning? – the intense atom glows
A moment, then is quenched in a most cold repose.

XXI

Alas! that all we loved of him should be,
But for our grief, as if it had not been,
And grief itself be mortal! Woe is me!
Whence are we, and why are we? of what scene
The actors or spectators? Great and mean
Meet massed in death, who lends what life must borrow.
As long as skies are blue, and fields are green,
Evening must usher night, night urge the morrow,
Month follow month with woe, and year wake year to sorrow.

XXII

He will awake no more, oh, never more!
"Wake thou," cried Misery, "childless Mother, rise
Out of thy sleep, and slake, in thy heart's core,
A wound more fierce than his, with tears and sighs."

XX

O cadáver leproso, tocado pelo espírito brando,
Definha entre flores de gentil alento;
Qual encarnações de estrelas, quando
O brilho torna-se perfume, iluminam o morto
E zombam do alegre verme sob ele desperto;
Nada que conhecemos morre. O sapiente deverá
Ser qual espada ante a bainha consumida decerto
Por cegos relâmpagos? O átomo intenso brilhará
Um instante, e num frio repouso se extinguirá.

XXI

Ai de mim! Que tudo que dele amamos se esvaísse,
A não ser nosso pesar, como se não existisse primeiro,
Ai de mim! E o pesar em si mortal fosse!
De onde viemos, por que somos? De qual roteiro,
Atores ou espectadores? Grandes ou humildes, o paradeiro
É findar-se na morte, que empresta o que a vida deve tomar.
Contanto que o céu esteja azul e verde o outeiro,
O crepúsculo deve preceder a noite e a manhã exaltar,
O mês segue o mês no pesar e o ano no sofrer, outro deve acordar.

XXII

Ele não mais despertará; oh, jamais despertará,
"Acorda", gritou a Tristeza, "levanta, Mãe sem filho,
De teu sono e amaina no cerne do teu coração agora,
Uma chaga maior que a dele, com triste sobrolho."

And all the Dreams that watched Urania's eyes,
And all the Echoes whom their sister's song
Had held in holy silence, cried: "Arise!"
Swift as a Thought by the snake Memory stung,
From her ambrosial rest the fading Splendour sprung.

XXIII

She rose like an autumnal Night, that springs
Out of the East, and follows wild and drear
The golden Day, which, on eternal wings,
Even as a ghost abandoning a bier,
Had left the Earth a corpse. Sorrow and fear
So struck, so roused, so rapt Urania;
So saddened round her like an atmosphere
Of stormy mist; so swept her on her way
Even to the mournful place where Adonais lay.

XXIV

Out of her secret Paradise she sped,
Through camps and cities rough with stone, and steel,
And human hearts, which to her aery tread
Yielding not, wounded the invisible
Palms of her tender feet where'er they fell:
And barbèd tongues, and thoughts more sharp than they,
Rent the soft Form they never could repel,
Whose sacred blood, like the young tears of May,
Paved with eternal flowers that undeserving way.

E todos os Sonhos de Urânia mirados por seu olho,
E todos Ecos que a canção de sua irmã sustinham
No silêncio sagrado gritaram: "Levanta"! Qual eólio
Pensar picado pela cobra da Memória, se arrojaram
De seu ambrósio descanso, Esplendores que decaíram

XXIII

Ergueu-se qual Noite de outono, que se alça
Do Leste, e sucede lúgubre e selvagem
O dia Dourado que com eternas asas esvoaça,
Qual espectro que do esquife segue viagem,
Deixou a terra qual cadáver. Sofrimento e vertigem
Então Urânia abateram, fustigaram e arrebataram;
E tristes a envolveram qual atmosfera de brumagem
E neblina tempestuosa; e a arrastaram
Ao funéreo lugar, e com Adonais a deixaram.

XXIV

De seu Paraíso secreto saiu a correr,
Por campos e cidades, ásperos de aço e pedras
E corações humanos que a seu aéreo percorrer
Não renderam-se e feriram as invisíveis plantas
De seus tenros pés, qual fossem as veredas:
E línguas farpadas e o mais afilado pensamento,
Cortaram as formas suaves que jamais foram repelidas,
Cujo sangue sagrado, como novas lágrimas de pranto,
Revestiram com flores eternas o caminho sem merecimento.

XXV

In the death-chamber for a moment Death,
Shamed by the presence of that living Might,
Blushed to annihilation, and the breath
Revisited those lips, and Life's pale light
Flashed through those limbs, so late her dear delight.
"Leave me not wild and drear and comfortless,
As silent lightning leaves the starless night!
Leave me not!" cried Urania: her distress
Roused Death: Death rose and smiled, and met her vain caress.

XXVI

"Stay yet awhile! speak to me once again;
Kiss me, so long but as a kiss may live;
And in my heartless breast and burning brain
That word, that kiss, shall all thoughts else survive,
With food of saddest memory kept alive,
Now thou art dead, as if it were a part
Of thee, my Adonais! I would give
All that I am to be as thou now art!
But I am chained to Time, and cannot thence depart!

XXVII

"O gentle child, beautiful as thou wert,
Why didst thou leave the trodden paths of men
Too soon, and with weak hands though mighty heart
Dare the unpastured dragon in his den?

XXV

Na funérea câmara, a Morte por um instante,
Vexada pela presença daquela Força vital
Enrubesceu à anulação, e a respiração arfante
Voltou àqueles lábios, e a luz tênue da Vida afinal
Reluziu pelos membros que haviam sido seu deleite ideal.
"Não me deixes desamparada, sem conforto e sombria,
Qual silente relâmpago que a noite escura abandona sem sinal!
Não me deixes!" gritou Urânia, e sua agonia
Acordou a Morte: que ergueu-se sorrindo, e a seu abraço corria.

XXVI

"Fique mais um pouco! Outra vez clama;
Beije-me, tão longamente que o beijo possa viver;
No meu peito sem coração e cérebro em chama
Aquela palavra e beijo, a todos pensares irão sobreviver,
Com alimento da memória mais triste não poderão perecer
Estás morto agora; como se fosse uma parte
De ti, meu Adonais! Poderia oferecer
Tudo que sou para ficar como estás agora na morte!
Mas acorrentada ao Tempo, não posso partir nesse instante!

XXVII

"Ó filho gentil, belo como eras então,
Por que largastes o caminho pelos homens trilhado
Cedo demais, e com mãos fracas, embora forte coração
Desafiastes o dragão em sua toca enclausurado?

Defenceless as thou wert, oh, where was then
Wisdom the mirrored shield, or scorn the spear?
Or hadst thou waited the full cycle, when
Thy spirit should have filled its crescent sphere,
The monsters of life's waste had fled from thee like deer.

XXVIII

"The herded wolves, bold only to pursue;
The obscene ravens, clamorous o'er the dead;
The vultures to the conqueror's banner true
Who feed where Desolation first has fed,
And whose wings rain contagion; — how they fled,
When, like Apollo, from his golden bow
The Pythian of the age one arrow sped
And smiled! — The spoilers tempt no second blow,
They fawn on the proud feet that spurn them lying low.

XXIX

"The sun comes forth, and many reptiles spawn;
He sets, and each ephemeral insect then
Is gathered into death without a dawn,
And the immortal stars awake again;
So is it in the world of living men:
A godlike mind soars forth, in its delight
Making earth bare and veiling heaven, and when
It sinks, the swarms that dimmed or shared its light
Leave to its kindred lamps the spirit's awful night."

Indefeso como estavas, oh não tiveras encontrado
A lança do escárnio e o escudo espelhado da sabedoria?
Se tivesses esperado o ciclo completar-se, então
Teu espírito, a esfera crescente preencheria
E o monstro que aniquila a vida, qual cervo de ti fugiria.

XXVIII

"As matilhas de lobos, corajosos apenas para perseguir;
Os corvos obscenos sobre os mortos gritando;
Os abutres leais à bandeira do vencedor irão se nutrir
Onde a Desolação primeiro esteve comendo,
E de cujas asas desaba a peste; como fugiram, quando,
Qual Apolo de sua flecha dourada,
O Píteo da época, uma flecha acabou arrojando
E sorriu! – Os usurpadores não arriscam outra investida,
Adulam os pés orgulhosos que desdenharam, quando na queda.

XXIX

"O sol surge e muitos répteis desovam agora;
Cada inseto efêmero é, no poente,
Atraído pela morte sem aurora,
E as estrelas imortais despertam novamente;
É assim, no mundo do ser vivente:
Uma mente divinal alça-se em seu deleite perfeito
Desnudando a terra e cobrindo o céu plenamente
E ao cair, enxames que o ofuscaram ou dele tiraram proveito
Abandonam os similares lumes à terrível noite do espírito".

XXX

Thus ceased she: and the mountain shepherds came,
Their garlands sere, their magic mantles rent;
The Pilgrim of Eternity, whose fame
Over his living head like Heaven is bent,
An early but enduring monument,
Came, veiling all the lightnings of his song
In sorrow; from her wilds Ierne sent
The sweetest lyrist of her saddest wrong,
And Love taught Grief to fall like music from his tongue.

XXXI

Midst others of less note, came one frail Form,
A phantom among men; companionless
As the last cloud of an expiring storm
Whose thunder is its knell; he, as I guess,
Had gazed on Nature's naked loveliness,
Actaeon-like, and now he fled astray
With feeble steps o'er the world's wilderness,
And his own thoughts, along that rugged way,
Pursued, like raging hounds, their father and their prey.

XXXII

A pardlike Spirit beautiful and swift –
A Love in desolation masked; – a Power
Girt round with weakness; – it can scarce uplift
The weight of the superincumbent hour;

XXX

Assim ela calou-se: os pastores dos montes chegaram
Com suas coroas murchas e mantos mágicos rasgados;
O Peregrino da Eternidade, cuja fama que lhe regalaram
Paira sobre sua cabeça qual Céus azulados,
Monumento precoce dos mais perpetuados,
Surgiu, obscurecendo todos os raios de sua canção
No sofrer; de suas ermas trevas, Eire com cuidados
Enviou o lirista mais doce de sua triste nação,
E o Pesar saindo qual música da boca, foi-lhe ensinado pela Paixão.

XXXI

Chegou uma débil Figura, entre outros de menor validade
Um espectro entre os homens; sem amigo verdadeiro
Qual derradeira nuvem de uma finda tempestade
Cujo trovão é o sino; ele, penso que primeiro,
A beleza nua da Natureza vislumbrou certeiro,
Como Acteon, e agora perdera-se e escapara com destreza
A leves passos pelo mundo solitário sem paradeiro,
E seus pensares, por aquele caminho cheio de aspereza,
Perseguiram qual cães raivosos, seu pai e sua presa.

XXXII

Um Espírito de leopardo, belo e veloz –
Um Amor em desolação disfarçado; – uma Potência
Envolta em fraqueza – dificilmente ergue o atroz
Fardo que o momento anuncia

It is a dying lamp, a falling shower,
A breaking billow; — even whilst we speak
Is it not broken? On the withering flower
The killing sun smiles brightly: on a cheek
The life can burn in blood, even while the heart may break.

XXXIII

His head was bound with pansies overblown,
And faded violets, white, and pied, and blue;
And a light spear topped with a cypress cone,
Round whose rude shaft dark ivy-tresses grew
Yet dripping with the forest's noonday dew,
Vibrated, as the ever-beating heart
Shook the weak hand that grasped it; of that crew
He came the last, neglected and apart;
A herd-abandoned deer struck by the hunter's dart.

XXXIV

All stood aloof, and at his partial moan
Smiled through their tears; well knew that gentle band
Who in another's fate now wept his own,
As in the accents of an unknown land
He sung new sorrow; sad Urania scanned
The Stranger's mien, and murmured: "Who art thou?"
He answered not, but with a sudden hand
Made bare his branded and ensanguined brow,
Which was like Cain's or Christ's – oh! that it should be so!

Lume que se apaga, chuva que se irradia,
Onda que quebra; enquanto falamos não parece
Que já se quebrou? À flor que murcha tardia,
O sol aniquilador sorri alegremente: numa face
A vida arde em sangue, enquanto o coração desfalece.

XXXIII

Sua cabeça foi coberta de amores-perfeitos sem conta,
E violetas pálidas, azuis, multicores e brancas;
E uma tênue lança com uma pinha de cipreste na ponta,
Ao redor de cujo fuste cresciam ramas de edra escuras
Ainda úmidas de orvalho do meio-dia das florestas,
Vibrou, enquanto o coração ainda pulsado
Fez fremer a débil mão que agarrava suas ranhuras;
Viera como o último do bando, esquecido e apartado;
Um cervo deixado pelo rebanho, e pelo dardo do caçador alvejado.

XXXIV

Todos pareceram ausentes e, a seu fraco gemido
Sorriram entre lágrimas; bem sabia, o bando gentil,
Quem, por sina alheia, agora chorava a sua, pungido
Como no sotaque de uma terra estranha e hostil
Ele cantou novo sofrer; a triste Urânia entreviu
Seu jeito de Forasteiro: "Quem és?" Ela disse
Ele não retrucou, mas num ágil mover de mão, sutil
Descobriu sua fronte que, marcada, ensanguentava-se,
Era qual a de Caim ou Cristo – oh, antes não o fosse!

XXXV

What softer voice is hushed over the dead?
Athwart what brow is that dark mantle thrown?
What form leans sadly o'er the white death-bed,
In mockery of monumental stone,
The heavy heart heaving without a moan?
If it be He, who, gentlest of the wise,
Taught, soothed, loved, honoured the departed one,
Let me not vex, with inharmonious sighs,
The silence of that heart's accepted sacrifice.

XXXVI

Our Adonais has drunk poison – oh!
What deaf and viperous murderer could crown
Life's early cup with such a draught of woe?
The nameless worm would now itself disown:
It felt, yet could escape, the magic tone
Whose prelude held all envy, hate, and wrong,
But what was howling in one breast alone,
Silent with expectation of the song,
Whose master's hand is cold, whose silver lyre unstrung.

XXXVII

Live thou, whose infamy is not thy fame!
Live! fear no heavier chastisement from me,
Thou noteless blot on a remembered name!
But be thyself, and know thyself to be!
And ever at thy season be thou free

XXXV

Qual voz cala-se sobre os mortos suavemente?
Sobre qual fronte aquele manto é jogado?
Quem se inclina ao leito da morte tristemente?
Como que imitando pétreo monumento erigido,
De coração pesado, arfando sem gemido?
Se for Ele, o mestre mais ilustrado
Que ensinou, acalmou, amou e honrou aquele finado,
Não deixe que eu aborreça com suspiro descabido,
O silêncio do sacrifício deste coração oferecido.

XXXVI

Oh! – nosso Adonais bebeu veneno mortal
Que assassino surdo e viperino poderia coroar
A taça precoce da vida com tal trago de mal?
O verme sem nome poderia a si mesmo renunciar:
Sentia, mas podia o tom mágico escapar
Cujo prelúdio recebeu toda inveja, erro e aversão,
Mas qual seria o uivo deste peito singular,
Silente com esperança da canção,
Do mestre cuja lira está sem cordas, e fria a mão.

XXXVII

Vive! Que a infâmia não seja teu renome!
Vive! Não temas de mim, maior reprovação,
Tu, mácula despercebida num célebre nome!
Seja ti mesmo, e saibas o que és então!
E sempre tenhas a livre ocasião

To spill the venom when thy fangs o'erflow;
Remorse and Self-contempt shall cling to thee;
Hot Shame shall burn upon thy secret brow,
And like a beaten hound tremble thou shalt – as now.

XXXVIII

Nor let us weep that our delight is fled
Far from these carrion kites that scream below;
He wakes or sleeps with the enduring dead;
Thou canst not soar where he is sitting now. –
Dust to the dust! but the pure spirit shall flow
Back to the burning fountain whence it came,
A portion of the Eternal, which must glow
Through time and change, unquenchably the same,
Whilst thy cold embers choke the sordid hearth of shame.

XXXIX

Peace, peace! he is not dead, he doth not sleep –
He hath awakened from the dream of life –
'Tis we, who lost in stormy visions, keep
With phantoms an unprofitable strife,
And in mad trance, strike with our spirit's knife
Invulnerable nothings. – We decay
Like corpses in a charnel; fear and grief
Convulse us and consume us day by day,
And cold hopes swarm like worms within our living clay.

De lançar veneno quando dele se encher teu dente;
Remorso e Desespero te agarrarão;
Incandescente Vergonha queimará na tua fronte,
E qual cão espancado, tremerás como neste instante.

XXXVIII

Por ter-se ido nossa alegria, não choremos mais
Longe do bando de abutres que lá embaixo grita;
Ele desperta ou dorme com os imortais;
Não podes alcançá-lo onde agora habita.
Pó ao pó! Mas o puro espírito levita
De volta à fonte ardente de onde é original,
Uma parte do Eterno, que brilha intacta
Pelo tempo e mudança, indubitavelmente igual,
E tuas frias cinzas, o lar vil da vergonha sufocam afinal.

XXXIX

Paz! Paz! Ele não está morto, não dorme
Acordou do sonho da vida;
Somos nós, que perdidos na visão disforme,
Mantemos com espectros a labuta perdida
E num louco transe, golpeamos com a lâmina afilada
De nosso espírito, invulneráveis nulidades. Decompomos
Qual cadáveres na cripta, no medo e no pesar ainda,
Dia pós dia, nos perturbamos e consumimos,
E frias esperanças fervilham qual vermes no barro vivo que somos.

XL

   He has outsoared the shadow of our night;
   Envy and calumny and hate and pain,
   And that unrest which men miscall delight,
   Can touch him not and torture not again;
   From the contagion of the world's slow stain
   He is secure, and now can never mourn
   A heart grown cold, a head grown gray in vain;
   Nor, when the spirit's self has ceased to burn,
With sparkless ashes load an unlamented urn.

XLI

   He lives, he wakes – 'tis Death is dead, not he;
   Mourn not for Adonais.– Thou young Dawn,
   Turn all thy dew to splendour, for from thee
   The spirit thou lamentest is not gone;
   Ye caverns and ye forests, cease to moan!
   Cease, ye faint flowers and fountains, and thou Air,
   Which like a mourning veil thy scarf hadst thrown
   O'er the abandoned Earth, now leave it bare
Even to the joyous stars which smile on its despair!

XLII

   He is made one with Nature: there is heard
   His voice in all her music, from the moan
   Of thunder, to the song of night's sweet bird;
   He is a presence to be felt and known
   In darkness and in light, from herb and stone,

XL

Voou mais alto que a sombra de nossa noite;
A inveja, a calúnia, o ódio, a dor contundente,
E aquela inquietação, falsamente chamada deleite,
Não pode tocá-lo e torturá-lo novamente;
Está a salvo da mácula do mundo inclemente
E agora não pode enlutar um coração e arrefecer,
A cabeça que ficou grisalha finalmente;
Nem, quando seu espírito cessou de arder,
Com cinzas mortas, ele não irá à urna não chorada preencher.

XLI

Ele vive e acorda – não foi ele quem morreu, foi a Morte;
Não te enlutes por Adonais. – Tu, jovem Aurora,
Teu orvalho em esplendor converte
Pois o espírito que lamentas não foi embora;
Vós, cavernas e florestas, não chora!
Parai, tênues flores e fontes e tu, Ar,
Que, qual véu de luto, teu lenço jogara
Na terra erma, deixa-a desnuda por ora
Para as estrelas que a seu pesar sorriem agora.

XLII

Tornou-se um com a Natureza: sua voz terna
É ouvida em toda sua música, desde o grunhido
Do trovão, à canção da doce ave noturna;
Presente, ele pode ser sentido e conhecido
Na escuridão e na luz, da erva e pedra, espalhado

Spreading itself where'er that Power may move
Which has withdrawn his being to its own;
Which wields the world with never-wearied love,
Sustains it from beneath, and kindles it above.

XLIII

He is a portion of the loveliness
Which once he made more lovely: he doth bear
His part, while the one Spirit's plastic stress
Sweeps through the dull dense world, compelling there,
All new successions to the forms they wear;
Torturing th' unwilling dross that checks its flight
To its own likeness, as each mass may bear;
And bursting in its beauty and its might
From trees and beasts and men into the Heaven's light.

XLIV

The splendours of the firmament of time
May be eclipsed, but are extinguished not;
Like stars to their appointed height they climb,
And death is a low mist which cannot blot
The brightness it may veil. When lofty thought
Lifts a young heart above its mortal lair,
And love and life contend in it, for what
Shall be its earthly doom, the dead live there
And move like winds of light on dark and stormy air.

Por onde quer que aquele Poder possa decerto
Movê-lo a retirá-lo para ficar a seu lado;
Aquele que dirige o mundo com incansável afeto,
O sustém abaixo e o ilumina do alto.

XLIII
Ele é uma porção da beleza, que decerto
Fez mais encantadora outrora:
Cumpre sua parte, e a influência plástica do Espírito
Passa pelo mundo inerte e denso, e ali revigora,
Todas novas articulações que as envolvem agora;
Plasmando a matéria involuntária que seu voo impede
À sua semelhança, como em cada massa aflora;
Estilhaçando-se em sua beleza e magnitude
De árvores, animais e homens, na celestial luminosidade.

XLIV
Os esplendores do firmamento temporal
Podem ser encobertos, mas jamais irão acabar;
Qual estrelas alçam-se à sua altura real,
E a morte é uma névoa rasteira que não pode macular
O fulgor que talvez encubra. Quando o sublime pensar
Acima de seu abrigo mortal ergue um jovem coração
E o amor e a vida, dentro dele disputam a julgar
Qual será seu destino terrestre, os mortos ali estão
E deslizam qual rajadas de luz na tempestuosa escuridão.

XLV

The inheritors of unfulfilled renown
Rose from their thrones, built beyond mortal thought,
Far in the Unapparent. Chatterton
Rose pale, — his solemn agony had not
Yet faded from him; Sidney, as he fought
And as he fell and as he lived and loved
Sublimely mild, a Spirit without spot,
Arose; and Lucan, by his death approved:
Oblivion as they rose shrank like a thing reproved.

XLVI

And many more, whose names on Earth are dark,
But whose transmitted effluence cannot die
So long as fire outlives the parent spark,
Rose, robed in dazzling immortality.
"Thou art become as one of us," they cry,
"It was for thee yon kingless sphere has long
Swung blind in unascended majesty,
Silent alone amid an Heaven of Song.
Assume thy wingèd throne, thou Vesper of our throng!"

XLVII

Who mourns for Adonais? Oh, come forth,
Fond wretch! and know thyself and him aright.
Clasp with thy panting soul the pendulous Earth;
As from a centre, dart thy spirit's light
Beyond all worlds, until its spacious might

XLV

Os herdeiros do renome não feito
Ergueram-se dos tronos, feitos além do mortal pensar,
Bem distante no Infinito.
Chatterton alçou-se pálido, seu solene pesar
Não fenecerá; Sidney, no modo gentil que veio a lutar,
Findou, viveu e amou sublimemente polido,
Espírito sem mácula, pôs-se a levantar;
E Lucano, por sua morte aprovado:
Olvido, enquanto erguiam-se, encolheu-se qual algo reprovado.

XLVI

E muitos outros, que na Terra não temos sinal,
Mas cuja vitalidade transmitida jamais tem finitude
Enquanto o fogo sobreviva à fagulha inicial,
Ergueram-se vestindo deslumbrante imortalidade.
"Te tornastes um de nós", clamam de verdade,
"Era para ti, que a esfera desgovernada, alçando
Há muito cegamente ascende,
O Paraíso da Canção percorrendo.
Assume teu trono alado, tu Vésper de nosso bando!"

XLVII

Quem por Adonais chora? Oh, apareça,
Caro miserável! E a ti mesmo quanto a ele conheça.
Agarra com tua alma ofegante a Terra suspensa;
E como do centro, a luz de teu espírito arremessa
Além de todos os mundos, até sua imensa força

Satiate the void circumference: then shrink
Even to a point within our day and night;
And keep thy heart light lest it make thee sink
When hope has kindled hope, and lured thee to the brink.

XLVIII

Or go to Rome, which is the sepulchre,
Oh, not of him, but of our joy: 'tis nought
That ages, empires, and religions there
Lie buried in the ravage they have wrought;
For such as he can lend, – they borrow not
Glory from those who made the world their prey;
And he is gathered to the kings of thought
Who waged contention with their time's decay,
And of the past are all that cannot pass away.

XLIX

Go thou to Rome, – at once the Paradise,
The grave, the city, and the wilderness;
And where its wrecks like shattered mountains rise,
And flowering weeds, and fragrant copses dress
The bones of Desolation's nakedness
Pass, till the spirit of the spot shall lead
Thy footsteps to a slope of green access
Where, like an infant's smile, over the dead
A light of laughing flowers along the grass is spread;

Saciar o círculo vazio: então encolhe-te assim
A um ponto dentro de nosso dia e noite; permaneça
Leve o coração, senão te precipitares enfim,
Quando aumentar a esperança, atraindo-te ao confim.

XLVIII

Ou vá a Roma, que é o túmulo sepulcral,
Oh, não dele, mas de nossa alegria: é insignificante
Que eras, impérios e religiões neste local
Estejam enterrados na destruição contundente;
O que ele pode prover – não tomam, entrementes,
Dos que fizeram do mundo sua presa, a glória;
Está entre os reis do pensar consciente
Que contra a decadência da história,
São os únicos que jamais terão vida transitória.

XLIX

Vá a Roma – ou seja, o Éden,
O túmulo, a cidade e o descampado;
Onde ruínas qual montes estilhaçados se erguem,
A mata florida e o bosque perfumado
Vestem os ossos do árido desolado.
Passa, até que o Espírito do lugar possa conduzir
Teus passos a uma colina aberta no verde prado
Onde, qual sorriso infantil sobre os mortos, vai espargir
Pela relva, uma luz de flores a sorrir;

L

   And gray walls moulder round, on which dull Time
   Feeds, like slow fire upon a hoary brand;
   And one keen pyramid with wedge sublime,
   Pavilioning the dust of him who planned
   This refuge for his memory, doth stand
   Like flame transformed to marble; and beneath,
   A field is spread, on which a newer band
   Have pitched in Heaven's smile their camp of death,
Welcoming him we lose with scarce extinguished breath.

LI

   Here pause: these graves are all too young as yet
   To have outgrown the sorrow which consigned
   Its charge to each; and if the seal is set,
   Here, on one fountain of a mourning mind,
   Break it not thou! too surely shalt thou find
   Thine own well full, if thou returnest home,
   Of tears and gall. From the world's bitter wind
   Seek shelter in the shadow of the tomb.
What Adonais is, why fear we to become?

LII

   The One remains, the many change and pass;
   Heaven's light forever shines, Earth's shadows fly;
   Life, like a dome of many-coloured glass,
   Stains the white radiance of Eternity,
   Until Death tramples it to fragments. – Die,

L

E muros grises cobrem-se de limo, onde a voracidade
Do Tempo nutre-se, qual fogo lento numa lenha ancestral;
E com um vértice sublime, uma aguda pirâmide,
Resguarda o pó daquele que planejou o magistral
Refúgio para sua memória, erguendo-se triunfal
Qual flamas tornadas mármore; abaixo silente,
Estende-se um campo no qual um bando juvenil
Fundou no sorriso celestial seu acampamento de morte,
Tomando o que perdemos com alento que cessa finalmente.

LI

Pare aqui: estas tumbas são recentes ainda
Para superar a comoção consignada
A cada um sua parte, e se a insígnia já foi timbrada,
Que neste lugar, a fonte de uma alma enlutada,
Não a rompa! Será por ti encontrada
Tua própria cisterna cheia, de fel e lágrimas
Se para a casa voltares. Da amarga rajada
Do mundo, procura amparo nas sombras
Tumulares. Por que tememos nos tornar o que é Adonais?

LII

O Eleito fica, muitos mudam e são passados;
A luz do Céu refulge eterna, o espectro da Terra se evade
A vida qual domo de vitrais coloridos,
Macula a alva emissão da Eternidade,
Até a Morte estilhaçá-la. Morre, se na verdade

If thou wouldst be with that which thou dost seek!
Follow where all is fled! – Rome's azure sky,
Flowers, ruins, statues, music, words, are weak
The glory they transfuse with fitting truth to speak.

LIII

Why linger, why turn back, why shrink, my Heart?
Thy hopes are gone before: from all things here
They have departed; thou shouldst now depart!
A light is passed from the revolving year,
And man, and woman; and what still is dear
Attracts to crush, repels to make thee wither.
The soft sky smiles, — the low wind whispers near:
'Tis Adonais calls! oh, hasten thither,
No more let Life divide what Death can join together.

LIV

That Light whose smile kindles the Universe,
That Beauty in which all things work and move,
That Benediction which the eclipsing Curse
Of birth can quench not, that sustaining Love
Which through the web of being blindly wove
By man and beast and earth and air and sea,
Burns bright or dim, as each are mirrors of
The fire for which all thirst; now beams on me,
Consuming the last clouds of cold mortality.

Tu querias estar com o que mais procuras!
Segue para onde tudo se esvai! – O céu azul da cidade
De Roma, flores, ruínas, estátuas; palavras são fracas
Para descrever fielmente as glórias proferidas.

LIII

Por que, meu coração, deves deter, volver e retrair?
Tuas esperanças já se foram: de tudo, neste lugar
Já se foram! E agora deves partir!
Uma luz foi-se do ano a girar,
    E do homem e da mulher; o que ainda tens a apegar
Atrai-te para destruir, repele-te para que enfraqueças.
O céu suave sorri – o vento rasteiro vem a sussurrar;
    É Adonais que clama! Oh, para lá corre depressa!
Não deixes a Vida cindir o que a Morte unir possa.

LIV

Aquela Luz cujo sorriso o Universo aclara,
Aquela Beleza na qual tudo opera e movimenta,
Aquela Bênção que a Maldição escura
Do nascimento não desfaz, aquele Amor que sustenta
Que através da teia do ser, tecida cegamente
Por homem e animal e terra e ar e mar,
Queima brando ou fortemente, que cada qual reflete,
O fogo que todos anseiam e agora, a me iluminar,
Consome as derradeiras nuvens do gélido findar.

LV

The breath whose might I have invoked in song
Descends on me; my spirit's bark is driven,
Far from the shore, far from the trembling throng
Whose sails were never to the tempest given;
The massy earth and spherèd skies are riven!
I am borne darkly, fearfully, afar;
Whilst, burning through the inmost veil of Heaven,
The soul of Adonais, like a star,
Beacons from the abode where the Eternal are.

LV

O alento cujo poder evoquei em arte
Recai sobre mim; o barco de meu espírito é levado,
Longe da praia, longe da turba tremulante
Cujas velas jamais almejaram o tornado;
Abrem-se a terra firme e o céu estrelado!
Conduzido sou, para bem além do cais;
Enquanto ardente, através do véu mais profundo
Do céu, qual estrela, a alma de Adonais,
Refulge da morada onde estão os Imortais.

JULIAN AND MADDALO:

A CONVERSATION

I rode one evening with Count Maddalo
Upon the bank of land which breaks the flow
Of Adria towards Venice: a bare strand
Of hillocks, heaped from ever-shifting sand,
Matted with thistles and amphibious weeds,
Such as from earth's embrace the salt ooze breeds,
Is this; an uninhabited sea-side,
Which the lone fisher, when his nets are dried,
Abandons; and no other object breaks
The waste, but one dwarf tree and some few stakes
Broken and unrepaired, and the tide makes
A narrow space of level sand thereon,
Where 'twas our wont to ride while day went down.
This ride was my delight. I love all waste
And solitary places; where we taste
The pleasure of believing what we see
Is boundless, as we wish our souls to be:

Julian e Maddalo:

uma conversação

❧

Cavalguei uma tarde com o Conde Maddalo
No banco de areia que a corrente do Adriático
Rompe, perto a Veneza – um litoral desnudo
De dunas, feitas de areia movediça,
Emaranhado de cardo e alga marinha,
Que do abraço da terra gera o limo salino,
Eis aqui; um litoral desolado,
Onde o solitário pescador seca suas redes,
E se vai; nenhum objeto rompe a aridez
A não ser a pequena árvore e algumas estacas
Quebradas e irreparadas; e a maré engendra
Uma estreita planura de areia,
Na qual costumávamos cavalgar ao cair da tarde
Adorava esta cavalgada. Amo todos os lugares
Ermos e áridos; onde desfrutamos o prazer
De acreditar que aquilo que enxergamos é sem limites
Como quiséramos fossem nossas almas:

And such was this wide ocean, and this shore
More barren than its billows; and yet more
Than all, with a remembered friend I love
To ride as then I rode; – for the winds drove
The living spray along the sunny air
Into our faces; the blue heavens were bare,
Stripped to their depths by the awakening north;
And, from the waves, sound like delight broke forth
Harmonising with solitude, and sent
Into our hearts aëreal merriment.
So, as we rode, we talked; and the swift thought,
Winging itself with laughter, lingered not,
But flew from brain to brain, – such glee was ours,
Charged with light memories of remembered hours,
None slow enough for sadness: till we came
Homeward, which always makes the spirit tame.
This day had been cheerful but cold, and now
The sun was sinking, and the wind also.
Our talk grew somewhat serious, as may be
Talk interrupted with such raillery
As mocks itself, because it cannot scorn
The thoughts it would extinguish: – 'twas forlorn,
Yet pleasing, such as once, so poets tell,
The devils held within the dales of Hell
Concerning God, freewill and destiny:
Of all that earth has been or yet may be,
All that vain men imagine or believe,
Or hope can paint or suffering may achieve,

Largo qual este oceano, e esta praia
Mais vazio que suas vagas; acima de tudo adoro
Cavalgar como fazia junto ao relembrado
Amigo; pois os ventos sopravam
A espuma eriçada pelo ar ensolarado
Em nossas faces; os céus azuis desnudavam-se,
Despojados até suas profundezas pelo norte;
E, das ondas vinha um som delicioso
Harmonizando-se com a solidão, alçando
Nossos corações a uma alegria aérea.
Cavalgando e conversando,
O ligeiro pensamento alado de risos não se fixava,
Voando de mente a mente – tal era nosso júbilo
Pleno das leves memórias das horas recordadas,
Nenhuma suficientemente triste; até chegarmos
Em casa, o que sempre vem a amainar a alma.
Este dia foi alegre embora frio, e então
O sol desvanecia qual o vento.
A conversa tornava-se séria como ocorre
Quando a brincadeira acaba zombando de si
Pois não pode desdenhar o pensar que queria extinguir:
Inútil mas agradável, como disseram os poetas,
Demônios proseando nos vales do Inferno
Sobre Deus, o livre-arbítrio e o destino:
Sobre tudo que a Terra foi e possa ser,
Tudo que os homens vãos imaginam ou creem,
Ou o que a esperança possa traçar e o sofrer atingir,

We descanted, and I (for ever still
Is it not wise to make the best of ill?)
Argued against despondency, but pride
Made my companion take the darker side.
The sense that he was greater than his kind
Had struck, methinks, his eagle spirit blind
By gazing on its own exceeding light.
Meanwhile the sun paused ere it should alight,
Over the horizon of the mountains; – Oh,
How beautiful is sunset, when the glow
Of Heaven descends upon a land like thee,
Thou Paradise of exiles, Italy!
Thy mountains, seas, and vineyards, and the towers
Of cities they encircle! – it was ours
To stand on thee, beholding it: and then,
Just where we had dismounted, the Count's men
Were waiting for us with the gondola. –
As those who pause on some delightful way
Though bent on pleasant pilgrimage, we stood
Looking upon the evening, and the flood
Which lay between the city and the shore,
Paved with the image of the sky… the hoar
And aëry Alps towards the North appeared
Through mist, an heaven-sustaining bulwark reared
Between the East and West; and half the sky
Was roofed with clouds of rich emblazonry
Dark purple at the zenith, which still grew
Down the steep West into a wondrous hue

Nós divagávamos, e eu (não é sempre
Melhor aproveitar o mal?)
Questionei o desalento, mas o orgulho
Fez com que meu amigo tomasse o lado negro.
Sentir-se maior que os de sua estirpe
Cegara, acredito, seu espírito aquilino
Ao fitar o próprio excelso esplendor
Enquanto isso, o sol fez uma pausa antes de se pôr,
No horizonte além das montanhas. Oh,
Como é belo o poente, quando o fulgor
Do céu recai sobre uma terra como tu,
Tu, Paraíso de exilados, Itália!
Tuas montanhas, mares, vinhedos e as torres
Das cidades que as rodeiam – era nosso destino
Pisar em teu solo, e o contemplar; então,
Desmontamos, e os homens do Conde
Esperavam-nos com a gôndola.
Qual viajantes que fazem uma pausa no caminho
Dispostos a uma agradável peregrinação
Ficamos contemplando o entardecer, e as águas
Que se estendiam entre a cidade e a costa,
Eram ladrilhadas com as imagens do céu.
Os Alpes nevados e aéreos apareceram ao norte
Entre a neblina; Um baluarte sustentando o céu
Alçava-se entre o Leste e o Oeste. Metade do céu
Estava encoberto pelas nuvens de preciosa heráldica
Purpúreo escuro no zênite, que ainda ostentava
A oeste, um matiz maravilhoso

Brighter than burning gold, even to the rent
Where the swift sun yet paused in his descent
Among the many-folded hills: they were
Those famous Euganean hills, which bear,
As seen from Lido thro' the harbour piles,
The likeness of a clump of peakèd isles —
And then – as if the Earth and Sea had been
Dissolved into one lake of fire, were seen
Those mountains towering as from waves of flame
Around the vaporous sun, from which there came
The inmost purple spirit of light, and made
Their very peaks transparent. "Ere it fade,"
Said my companion, "I will show you soon
A better station" – so, o'er the lagune
We glided; and from that funereal bark
I leaned, and saw the city, and could mark
How from their many isles, in evening's gleam,
Its temples and its palaces did seem
Like fabrics of enchantment piled to Heaven.
I was about to speak, when – "We are even
Now at the point I meant", said Maddalo,
And bade the gondolieri cease to row.
"Look, Julian, on the west, and listen well
If you hear not a deep and heavy bell."
I looked, and saw between us and the sun
A building on an island; such a one
As age to age might add, for uses vile,
A windowless, deformed and dreary pile;

Mais brilhante que o ouro incandescente, até a fenda
Onde o sol ainda fazia uma pausa em seu descenso
Entre colinas de inúmeras dobras. Eram
Os célebres montes Eugâneos, que
Vistos do Lido através das pilastras do porto,
Pareciam um grupo de ilhas pontiagudas;
Então – como se a Terra e o Mar tivessem sido
Dissolvidos num lago de fogo, contemplamos
Essas montanhas pairando como vagas flamejantes
Envolvendo o sol vaporoso, do qual provinha
O espírito púrpura de luz interior, que tornava
Translúcidos seus picos. "Antes que tudo se desvaneça"
Comentou meu companheiro, "Logo te mostrarei
Um local melhor". Então sobre a laguna
Deslizamos, e do funéreo barco
Olhei para fora, vislumbrando na cidade,
Como em suas múltiplas ilhas ao crepúsculo,
Seus templos e palácios semelhavam
Construções de encanto empilhadas até o Céu.
Ia falar quando – "Estamos exatamente
No lugar que te dizia" – retrucou Maddalo
E pediu aos gondolieri que parassem de remar.
"Olha, Julian, no poente, escuta bem
Ouves um sino profundo e pesado?"
Vislumbrei entre nós e o sol,
Uma edificação disposta numa ilha – do tipo
Erguido de época a época para usos vis,
Uma construção sem janelas, disforme e lúgubre;

And on the top an open tower, where hung
A bell, which in the radiance swayed and swung;
We could just hear its hoarse and iron tongue:
The broad sun sunk behind it, and it tolled
In strong and black relief. – "What we behold
Shall be the madhouse and its belfry tower",
Said Maddalo, "and ever at this hour
Those who may cross the water, hear that bell
Which calls the maniacs, each one from his cell,
To vespers." – "As much skill as need to pray
In thanks or hope for their dark lot have they
To their stern maker," I replied. "O ho!
You talk as in years past", said Maddalo.
" 'Tis strange men change not. You were ever still
Among Christ's flock a perilous infidel,
A wolf for the meek lambs – if you can't swim
Beware of Providence." I looked on him,
But the gay smile had faded in his eye.
"And such", – he cried, "is our mortality,
And this must be the emblem and the sign
Of what should be eternal and divine! –
And like that black and dreary bell, the soul,
Hung in a heaven-illumined tower, must toll
Our thoughts and our desires to meet below
Round the rent heart and pray – as madmen do
For what? they know not, – till the night of death
As sunset that strange vision, severeth
Our memory from itself, and us from all

No alto via-se uma torre aberta onde pendia
Um sino, que no fulgor oscilava e balouçava;
Conseguimos ouvir sua férrea voz rouca:
O sol se punha atrás dele, que dobrava
Num perfil negro e forte – "O que vemos
É o manicômio e seu campanário" –
Disse Maddalo: "sempre a essa hora,
Os que atravessam as águas ouvem esse sino
Que clama os dementes, cada um de sua cela,
Às orações vespertinas". – "Eles sabem rezar
O suficiente para agradecer seu nefasto destino
Ou para aguardar seu severo criador" – respondi-lhe.
"Ah! Falas como tempos atrás", disse Maddalo.
"É estranho que os homens não mudem. Sempre foste
No rebanho de Cristo um infiel perigoso,
Um lobo para os cordeiros – se não sabes nadar
Cuidado com a Providência". Olhei-o,
Mas seu alegre sorriso sumira.
"E isso", exclamou, "é a nossa mortalidade;
Isso é o emblema e o sinal
Do que deve ser eterno e divino!
A alma, como esse sino negro e lúgubre,
Pendida numa torre e iluminada pelo céu, dobrará
Nossos pensares e desejos que se encontrarão ao redor
Do coração partido e rezarão – assim como os loucos.
Para quê? Não sabem até que chegue a noite da morte
Tal o pôr do sol que com aquela visão estranha, afasta
Nossa memória de si mesma, e nós, de tudo aquilo

We sought and yet were baffled." I recall
The sense of what he said, although I mar
The force of his expressions. The broad star
Of day meanwhile had sunk behind the hill,
And the black bell became invisible,
And the red tower looked gray, and all between
The churches, ships and palaces were seen
Huddled in gloom; — into the purple sea
The orange hues of heaven sunk silently.
We hardly spoke, and soon the gondola
Conveyed me to my lodgings by the way.
    The following morn was rainy, cold and dim:
Ere Maddalo arose, I called on him,
And whilst I waited with his child I played;
A lovelier toy sweet Nature never made,
A serious, subtle, wild, yet gentle being,
Graceful without design and unforeseeing,
With eyes – Oh speak not of her eyes! – which seem
Twin mirrors of Italian Heaven, yet gleam
With such deep meaning, as we never see
But in the human countenance: with me
She was a special favourite: I had nursed
Her fine and feeble limbs when she came first
To this bleak world; and she yet seemed to know
On second sight her ancient playfellow,
Less changed than she was by six months or so;
For after her first shyness was worn out
We sate there, rolling billiard balls about,

Que almejamos e nos ilude". Lembro-me do significado
Do que disse, embora tenha perdido a força de sua expressão.
A grande estrela do dia ocultara-se atrás do monte,
E o sino negro tornara-se invisível,
A rubra torre ficara cinzenta, e tudo em volta,
Igrejas, barcos e palácios estavam
Aglomerados na escuridão; no purpúreo mar
As cores alaranjadas do céu, silentes precipitavam-se.
Quase não falávamos, e logo a gôndola
Levou-me para casa, perto de lá.

    Na manhã seguinte, chuvosa, escura e fria:
Antes de Maddalo levantar-se, fiz-lhe uma visita.
Enquanto o esperava, brinquei com sua filha;
Jamais a doce Natureza fizera tão belo brinquedo,
Séria, sutil, selvagem, suave,
Graciosa, espontânea e sem afetação
Com olhos – Ah! Não me fales de seus olhos! Qual
Espelhos geminados do céu italiano, brilhavam com tal
Profundidade, que não poderíamos encontrá-los
A não ser na face humana; era uma de minhas favoritas;
Cuidei de seu corpo delgado e delicado quando chegou
A este mundo lúgubre; mas parecia reconhecer
Nesta segunda vez, seu antigo amigo de folguedos,
Menos mudado que ela nestes últimos seis meses;
Terminada sua timidez inicial, sentamo-nos,
E divertíamo-nos rolando bolas de bilhar,

When the Count entered. Salutations past –
"The words you spoke last night might well have cast
A darkness on my spirit – if man be
The passive thing you say, I should not see
Much harm in the religions and old saws
(Tho' I may never own such leaden laws)
Which break a teachless nature to the yoke:
Mine is another faith" – thus much I spoke
And noting he replied not, added: "See
This lovely child, blithe, innocent and free;
She spends a happy time with little care,
While we to such sick thoughts subjected are
As came on you last night – it is our will
That thus enchains us to permitted ill –
We might be otherwise – we might be all
We dream of happy, high, majestical.
Where is the love, beauty, and truth we seek
But in our mind? and if we were not weak
Should we be less in deed than in desire?"
"Ay, if we were not weak – and we aspire
How vainly to be strong!" said Maddalo:
"You talk Utopia." "It remains to know",
I then rejoined, "and those who try may find
How strong the chains are which our spirit bind;
Brittle perchance as straw… We are assured
Much may be conquered, much may be endured,
Of what degrades and crushes us. We know
That we have power over ourselves to do

Quando o Conde entrou. Após as saudações –
"As palavras que proferiste ontem à noite poderiam
Ter obscurecido meu espírito. Ah, se o homem fosse
Algo passivo como falastes, eu não veria
Tanto mal nas religiões e nos velhos dizeres
(Embora jamais seguisse essas férreas leis)
Que adestram uma natureza indomável:
Tenho outra fé". Apenas disse-lhe isso.
Percebendo que ele não respondia, acrescentei:
"Vê essa criança linda, feliz, inocente e livre;
Ela é alegre e despreocupada
Enquanto nós, somos sujeitos a pensares doentios
Como os teus ontem à noite. É a nossa vontade
Que encadeia-nos ao mal permissível.
Poderíamos ser diferentes, poderíamos ser tudo
Que sonhamos em termos de felicidade e nobreza.
Onde está o amor, a beleza e a verdade que buscamos
Senão em nossas mentes? E se não fôssemos fracos,
Nossos atos não sucumbiriam aos nossos desejos?"
"Ah, se não fôssemos fracos – e tentamos
Em vão ser fortes!" disse Maddalo.
"Falas utopicamente." "Saberemos",
Repliquei: "Os que tentam, poderiam perceber
Quão fortes são os grilhões que aprisionam nosso espírito;
E no entanto, quebradiços como a palha. Seguros
Que muito pode ser conquistado e suportado
Entrevemos o que nos degrada e esmaga. Sabemos
Que temos poder sobre nós mesmos para fazer

And suffer – what, we know not till we try;
But something nobler than to live and die –
So taught those kings of old philosophy
Who reigned, before Religion made men blind;
And those who suffer with their suffering kind
Yet feel this faith, religion." "My dear friend",
Said Maddalo, "my judgment will not bend
To your opinion, though I think you might
Make such a system refutation-tight
As far as words go. I knew one like you
Who to this city came some months ago,
With whom I argued in this sort, and he
Is now gone mad, – and so he answered me, –
Poor fellow! but if you would like to go
We'll visit him, and his wild talk will show
How vain are such aspiring theories."
"I hope to prove the induction otherwise,
And that a want of that true theory, still,
Which seeks a 'soul of goodness' in things ill
Or in himself or others, has thus bowed
His being – there are some by nature proud,
Who patient in all else demand but this –
To love and be beloved with gentleness;
And being scorned, what wonder if they die
Some living death? this is not destiny
But man's own wilful ill."

                    As thus I spoke

E sofrer – o quê, ninguém sabe até tentar;
Algo mais nobre que viver e morrer –
Isso pregaram aqueles monarcas da sabedoria ancestral
Que reinaram antes que a religião cegasse os homens;
Aqueles que sofrem com seus pares
Mas sentem sua fé e religião". "Meu caro amigo",
Disse Maddalo, "minha razão não cederá
À tua opinião, embora creio que possas
Criar um sistema irrefutável
Até onde vão as palavras. Conheci alguém como tu,
Que há meses atrás chegou a esta cidade,
Com ele discutia da mesma maneira, e acabou por
Enlouquecer, – assim respondeu-me, –
Pobre homem! Mas se quiseres
Poderemos visitá-lo, e sua conversa alucinada mostrará
Quão inúteis são tais pretensas teorias."
"Espero que esse encontro possa provar o contrário.
É que a ausência dessa verdadeira teoria,
Que anseia uma 'alma bondosa' entre coisas ruins
Nele mesmo ou nos outros, assim subjugou
Seu ser. Alguns são orgulhosos por natureza,
Pacientes com tudo, exigem apenas –
Amar e ser amados com carinho;
Quando desprezados, não tornam-se por
Sinal mortos-vivos? Isso não é destino
Mas o mal que o próprio homem desejou."
                                        Acabando de falar,

Servants announced the gondola, and we
Through the fast-falling rain and high-wrought sea
Sailed to the island where the madhouse stands.
We disembarked. The clap of tortured hands,
Fierce yells and howlings and lamentings keen,
And laughter where complaint had merrier been,
Moans, shrieks, and curses, and blaspheming prayers
Accosted us. We climbed the oozy stairs
Into an old courtyard. I heard on high,
Then, fragments of most touching melody,
But looking up saw not the singer there –
Through the black bars in the tempestuous air
I saw, like weeds on a wrecked palace growing,
Long tangled locks flung wildly forth, and flowing,
Of those who on a sudden were beguiled
Into strange silence, and looked forth and smiled
Hearing sweet sounds. – Then I: "Methinks there were
A cure of these with patience and kind care,
If music can thus move... but what is he
Whom we seek here?" "Of his sad history
I know but this", said Maddalo; "he came
To Venice a dejected man, and fame
Said he was wealthy, or he had been so;
Some thought the loss of fortune wrought him woe;
But he was ever talking in such sort
As you do – far more sadly – he seemed hurt,
Even as a man with his peculiar wrong,
To hear but of the oppression of the strong,

Os criados anunciaram que a gôndola estava pronta.
Em meio à forte chuva e o mar agitado
Rumamos à ilha do manicômio.
Desembarcamos. Mãos torturadas batiam palmas,
Gritos ferozes, uivos e lamentos viscerais,
E gargalhadas mais lúgubres que os pesares,
Gemidos, guinchos, palavrões e preces blasfemas
Atingiram-nos. Subimos os degraus cheios de limo
E entramos no velho pátio. Vindo do alto, ouvi,
Então, trechos da mais comovente melodia,
Olhei para cima, e não vi ninguém.
Através das negras grades no ar tempestuoso
Entrevi, como a relva que cresce num palácio em ruínas,
Longos cabelos emaranhados, selvagemente ondulados,
Dos que logo emudeceram num estranho silêncio
E que olhando fixamente, sorriam degustando
Aqueles doces sons. Falei: "Penso que haveria
Um remédio para eles, com paciência e carinho,
Se a música pode assim comovê-los. Mas quem é
Que procuramos?" "De sua triste história
Apenas sei isso", disse Maddalo: "ele chegou
A Veneza desapontado, e diziam
Que ele era rico, ou havia sido.
Alguns pensavam que a perda de sua fortuna o abalara;
Costumava falar como tu – embora bem mais triste; parecia
Muito magoado, mesmo para alguém com seu problema,
Sempre que lhe comentavam da opressão dos mais fortes,

Or those absurd deceits (I think with you
In some respects, you know) which carry through
The excellent impostors of this earth
When they outface detection – he had worth,
Poor fellow! but a humorist in his way." –
"Alas, what drove him mad?" "I cannot say:
A lady came with him from France, and when
She left him and returned, he wandered then
About yon lonely isles of desert sand
Till he grew wild – he had no cash or land
Remaining, – the police had brought him here –
Some fancy took him and he would not bear
Removal; so I fitted up for him
Those rooms beside the sea, to please his whim,
And sent him busts and books and urns for flowers,
Which had adorned his life in happier hours,
And instruments of music – you may guess
A stranger could do little more or less
For one so gentle and unfortunate:
And those are his sweet strains which charm the weight
From madmen's chains, and make this Hell appear
A heaven of sacred silence, hushed to hear." –
"Nay, this was kind of you – he had no claim,
As the world says" — "None – but the very same
Which I on all mankind were I as he
Fallen to such deep reverse; – his melody
Is interrupted – now we hear the din
Of madmen, shriek on shriek, again begin;

Ou desses enganos absurdos (penso como tu,
De certo modo, sabes) que cometem
Os grandes impostores dessa terra,
Quando conseguem passar incólumes. – Tinha valor,
Pobre homem! Era de certa forma, um humorista".
"Ai, mas o que o enlouqueceu?" "Nem saberia dizer:
Chegou com uma mulher da França; após
Ela o abandonar e retornar, ele vagou errante
Por aquelas ilhas solitárias de areias do deserto
Até perder a razão. Não lhe restou
Dinheiro ou terra; a polícia o trouxe até aqui;
Cismou em ficar e nunca mais
Foi embora; consegui arrumar-lhe
Estes aposentos frente ao mar; para agradá-lo,
Enviei-lhe bustos, livros e vasos para flores,
Que adornaram sua vida nos momentos mais felizes,
E instrumentos musicais. Sabes que um estranho
Pode fazer pouco mais para alguém
Tão gentil e desafortunado: E essas
São suas doces melodias que aliviam o peso
Das correntes dos loucos, e fazem este Inferno parecer
Um céu de silêncio sagrado, quieto a escutar."
"Isso foi gentileza tua; não, nenhuma reivindicação,
Como disse o mundo". "Nenhuma
A não ser a mesma que eu teria se houvesse
Caído no mesmo buraco. Sua melodia
Interrompe-se; agora apenas ouvimos os gritos
Dos loucos, guincho após guincho, incessantes.

Let us now visit him; after this strain
He ever communes with himself again,
And sees nor hears not any." Having said
These words we called the keeper, and he led
To an apartment opening on the sea –
There the poor wretch was sitting mournfully
Near a piano, his pale fingers twined
One with the other, and the ooze and wind
Rushed through an open casement, and did sway
His hair, and starred it with the brackish spray;
His head was leaning on a music book,
And he was muttering, and his lean limbs shook;
His lips were pressed against a folded leaf
In hue too beautiful for health, and grief
Smiled in their motions as they lay apart –
As one who wrought from his own fervid heart
The eloquence of passion, soon he raised
His sad meek face and eyes lustrous and glazed
And spoke – sometimes as one who wrote, and thought
His words might move some heart that heeded not,
If sent to distant lands: and then as one
Reproaching deeds never to be undone
With wondering self-compassion; then his speech
Was lost in grief, and then his words came each
Unmodulated, cold, expressionless, –
But that from one jarred accent you might guess
It was despair made them so uniform:
And all the while the loud and gusty storm

Vamos a seu encontro; terminada a canção
Ele costuma sempre introverter-se,
Não vendo ou ouvindo ninguém". Após essas palavras
Chamamos o guarda que nos conduziu
Até o cômodo frente ao mar.
Ali, o pobre coitado sentava-se melancólico
Junto a um piano; seus dedos pálidos
Entrelaçavam-se, e a espuma e a ventania arrojavam-se
Por uma janela entreaberta, esvoaçando seu cabelo,
Pontilhando-o de estrelas com o borrifo salobre;
Encostava a cabeça numa partitura,
E murmurava; seus membros magros fremiam;
Pressionava seus lábios contra uma página dobrada,
Cuja cor era bela demais para a saúde, e a dor
Sorria em seus movimentos, enquanto desfaziam-se.
Como alguém que arrancou de seu próprio coração ardente
A eloquência da paixão, ele ergueu
A face meiga e triste, e os olhos brilhantes e gázeos,
E disse – como quem escrevesse e pensasse que suas palavras,
Comoveriam um coração que não se importava
A ser enviado a terras distantes; como quem
Reclamasse de acontecimentos que jamais seriam desfeitos,
Deslumbrando-se com a autocompaixão; então, sua fala
Perdeu-se no pesar, suas palavras proferiram-se
Sem modulação, frias e sem expressão,
A não ser seu tom aflito no qual podia-se notar
Que era o desespero que as tornava uniformes;
Entrementes, a ruidosa e ventante tempestade

Hissed through the window, and we stood behind
Stealing his accents from the envious wind
Unseen. I yet remember what he said
Distinctly: such impression his words made.

  "Month after month", he cried, "to bear this load
And as a jade urged by the whip and goad
To drag life on, which like a heavy chain
Lengthens behind with many a link of pain! –
And not to speak my grief – O, not to dare
To give a human voice to my despair,
But live and move, and, wretched thing! smile on
As if I never went aside to groan,
And wear this mask of falsehood even to those
Who are most dear – not for my own repose –
Alas! no scorn or pain or hate could be
So heavy as that falsehood is to me —
But that I cannot bear more altered faces
Than needs must be, more changed and cold embraces,
More misery, disappointment, and mistrust
To own me for their father… Would the dust
Were covered in upon my body now!
That the life ceased to toil within my brow!
And then these thoughts would at the least be fled;
Let us not fear such pain can vex the dead.
  "What Power delights to torture us? I know
That to myself I do not wholly owe

Silvava pela janela, ficamos atrás dele
Pilhando suas palavras ao vento invejoso
Invisíveis. Ainda me recordo claramente do que disse;
Tal foi a impressão que suas palavras me causaram.

"Dia após dia", ele bramiu, "carregar esse fardo
Como um cavalo velho instigado pelo látego e o agulhão
Para seguir arrastando a vida, que qual pesada corrente
Prolonga-se cada vez mais, com inúmeros elos de dor! –
Sem falar da minha dor – oh, se não ousasse
Relegar uma voz humana a meu desespero,
Mas viver e mudar e, pobre de mim! Sorrir ainda
Como se jamais me houvesse retirado para gemer;
E colocado esta máscara de falsidade até para aqueles
Que me são tão caros – não para minha comodidade –
Ai de mim! Nenhum escárnio, dor ou ódio poderia
Ser tão penoso para mim como aquela falsidade!
Mas não posso suportar essas expressões alteradas
Mais que o necessário; abraços frios e estranhos,
Mais miséria, desapontamento e desconfiança
Para ter-me como pai.
Ah, o pó cobrisse todo o meu corpo agora!
E se a vida cessasse de labutar em minha mente!
E então, esses pensamentos teriam se esvaído;
Que não temamos essa dor que possa perturbar os mortos.
  "Que Poder compraz-se em torturar-nos? Sei que
Não devo a mim todo meu sofrer,

What now I suffer, though in part I may.
Alas! none strewed sweet flowers upon the way
Where wandering heedlessly, I met pale Pain
My shadow, which will leave me not again –
If I have erred, there was no joy in error,
But pain and insult and unrest and terror;
I have not as some do, bought penitence
With pleasure, and a dark yet sweet offence,
For then, – if love and tenderness and truth
Had overlived hope's momentary youth,
My creed should have redeemed me from repenting;
But loathèd scorn and outrage unrelenting
Met love excited by far other seeming
Until the end was gained... as one from dreaming
Of sweetest peace, I woke, and found my state
Such as it is. ——

                  "O Thou, my spirit's mate
Who, for thou art compassionate and wise,
Wouldst pity me from thy most gentle eyes
If this sad writing thou shouldst ever see –
My secret groans must be unheard by thee,
Thou wouldst weep tears bitter as blood to know
Thy lost friend's incommunicable woe.

  "Ye few by whom my nature has been weighed
In friendship, let me not that name degrade
By placing on your hearts the secret load

Mas apenas uma parte.
Ai de mim! Ninguém espalhou flores no caminho
Onde vagando displicente encontrei a pálida Dor,
Minha sombra que não me deixará novamente.
Se errei, não houve alegria no erro,
Mas dor e insulto, preocupação e terror;
Não agi, como fazem alguns, comprando a penitência
Com o prazer, e um escuro e doce delito,
Porque – se o amor, o carinho e a verdade
Tivessem sobrevivido à juventude efêmera da esperança,
Minha crença ter-me-ia redimido do arrependimento;
Mas o escárnio vil e a raiva incessante
Encontraram o amor exaltado porque semelharam algo diferente
Até encontrar esse fim; como aquele que sonha
Com a mais doce paz, despertei e encontrei-me
No estado em que estou ——

"Ó tu, companheira de espírito

Que, sábia e piedosa,
Teria pena de mim, com seus olhos tão gentis,
Se estas tristes linhas algum dia vires –
Meus gemidos secretos não devem ser ouvidos por ti,
Chorarias lágrimas amargas qual sangue ao saber
A dor incomunicável de teu amigo perdido.

"Vós, poucos, que tendes julgado minha natureza
Na amizade, não deixeis que eu degrade este nome
Colocando nos corações o fardo secreto

Which crushes mine to dust. There is one road
To peace and that is truth, which follow ye!
Love sometimes leads astray to misery.
Yet think not though subdued – and I may well
Say that I am subdued – that the full Hell
Within me would infect the untainted breast
Of sacred nature with its own unrest;
As some perverted beings think to find
In scorn or hate a medicine for the mind
Which scorn or hate have wounded – O how vain!
The dagger heals not but may rend again…
Believe that I am ever still the same
In creed as in resolve, and what may tame
My heart, must leave the understanding free,
Or all would sink in this keen agony –
Nor dream that I will join the vulgar cry;
Or with my silence sanction tyranny;
Or seek a moment's shelter from my pain
In any madness which the world calls gain,
Ambition or revenge or thoughts as stern
As those which make me what I am; or turn
To avarice or misanthropy or lust…
Heap on me soon, O grave, thy welcome dust!
Till then the dungeon may demand its prey,
And Poverty and Shame may meet and say –
Halting beside me on the public way –
'That love-devoted youth is ours – let's sit
Beside him – he may live some six months yet.'

Que reduz o meu a pó. Há um caminho
Para a paz que é a verdade, que deveis seguir!
Às vezes, o amor conduz à miséria.
Mas não penseis que embora tranquilo – bem possa dizer
Que assim estou – que todo Inferno
Dentro de mim poderia contagiar o seio imaculado
Da Natureza sagrada com sua inquietude;
Como alguns seres perversos que pensam encontrar
No escárnio ou no ódio um bálsamo para a mente
Que o escárnio ou o ódio feriram – oh, em vão!
A adaga não cura, mas novamente pode cortar!
Acrediteis que ainda permaneço o mesmo
Tanto na crença quanto na decisão, ou o que possa domar
Meu coração, e deixar a compreensão livre,
Ou tudo mergulharia nesta agonia contundente;
Nem sonheis que partilharia deste grito vulgar:
Ou que com meu silêncio serei cúmplice da tirania;
Ou buscarei o amparo momentâneo de minha dor
Em alguma loucura que o mundo chama lucro,
Ambição ou vingança ou pensamentos tão severos
Quanto àqueles que me tornam assim; ou serei levado
À avareza ou à misantropia ou à luxúria.
Ó túmulo, esparge sobre mim teu bem-aventurado pó!
Aí então, o calabouço poderá clamar sua presa,
E a Pobreza e a Vergonha vão se encontrar e dizer,
Contando-me no passeio público,
'Aquele jovem apaixonado é nosso – vamos sentar
A seu lado – ele viveria mais alguns seis meses'.

Or the red scaffold, as our country bends,
May ask some willing victim, or ye friends
May fall under some sorrow which this heart
Or hand may share or vanquish or avert;
I am prepared – in truth with no proud joy –
To do or suffer aught, as when a boy
I did devote to justice and to love
My nature, worthless now!...

                            "I must remove
A veil from my pent mind. 'Tis torn aside!
O, pallid as Death's dedicated bride,
Thou mockery which art sitting by my side,
Am I not wan like thee? at the grave's call
I haste, invited to thy wedding-ball
To greet the ghastly paramour, for whom
Thou hast deserted me... and made the tomb
Thy bridal bed... But I beside your feet
Will lie and watch ye from my winding sheet –
Thus... wide awake tho' dead... yet stay, O stay!
Go not so soon – I know not what I say –
Hear but my reasons... I am mad, I fear,
My fancy is o'erwrought... thou art not here...
Pale art thou, 'tis most true... but thou art gone,
Thy work is finished... I am left alone! –

. . . .

  "Nay, was it I who wooed thee to this breast
Which, like a serpent, thou envenomest

Ou a forca rubra, enquanto nosso país se curva,
Poderia requerer alguma vítima voluntária, ou vós, amigos,
Seríeis capazes de sofrer alguma dor que este coração
Ou mão, pode comprar, trilhar, vencer ou evitar;
Estou preparado – verdadeiramente, sem presunçosa alegria,
Para fazer ou sofrer algo, como quando menino
Dedicava-me à justiça e ao amor,
Minha própria natureza, agora sem valor! –

"Terei de arrancar
Um véu de minha mente encoberta. Já o tirei!
Ó, tão pálida quanto a noiva dedicada da Morte,
Zombeteira, que sentas a meu lado,
Não seria eu lívido como tu? Ao clamor do túmulo
Corro, convidado à tua festa de casamento
Para saudar o terrível amante, pelo qual
Me deixaste – erigiste o túmulo
De teu leito nupcial – mas a teus pés
Deitarei e os observarei de minha mortalha –
Assim – desperto, embora morto – mas fica, fica!
Não parte tão cedo – não sei o que digo –
Apenas escuta meus motivos – sou louco, temo,
Minha imaginação divaga – não estás aqui...
Estás pálida, é verdade – mas partiste,
Tua obra findou-se – estou só!

. . . .

"Não, teria sido eu quem te cortejou a este abraço,
Que como serpente envenenaste

As in repayment of the warmth it lent?
Didst thou not seek me for thine own content?
Did not thy love awaken mine? I thought
That thou wert she who said, 'You kiss me not
Ever, I fear you do not love me now'–
In truth I loved even to my overthrow
Her, who would fain forget these words: but they
Cling to her mind, and cannot pass away.

. . . .

"You say that I am proud – that when I speak
My lip is tortured with the wrongs which break
The spirit it expresses... Never one
Humbled himself before, as I have done!
Even the instinctive worm on which we tread
Turns, though it wound not – then with prostrate head
Sinks in the dusk and writhes like me – and dies?
No: wears a living death of agonies!
As the slow shadows of the pointed grass
Mark the eternal periods, his pangs pass
Slow, ever-moving, – making moments be
As mine seem – each an immortality!

. . . .

"That you had never seen me – never heard
My voice, and more than all had ne'er endured
The deep pollution of my loathed embrace –
That your eyes ne'er had lied love in my face –
That, like some maniac monk, I had torn out
The nerves of manhood by their bleeding root

Em sinal de gratidão ao calor emprestado?
Não me procuraste para tua própria alegria?
Não teria sido teu amor que despertara o meu?
Pensei que foste tu que disseste 'Já não me beija
Temo que não me ames mais' –
Na verdade, a amei, mesmo até a minha ruína,
Que gostaria de esquecer essas palavras, mas elas
Se agarram à sua mente, e não podem findar-se.

. . . .

   "Dizeis que sou orgulhoso – que quando falo
Meus lábios torturam-se com a injustiça que estraçalha
O espírito que expressam. Jamais
Alguém vem humilhando-se como eu!
Até o verme instintivo no qual pisamos
Se contorce sem ferir-se – e com a cabeça prostrada
Oculta-se no crepúsculo, retorce-se como eu – e morre?
Não: torna-se um moribundo em agonia!
Enquanto as lentas sombras da relva pontiaguda
Marcam o tempo eterno, suas dores passam
Devagar, num moto-perpétuo, fazendo os momentos
Parecerem os meus, cada qual uma imortalidade!

. . . .

   "Se nunca me tiveste visto – e ouvido
Minha voz – e principalmente, jamais suportado
A profunda imundice de meu abraço odioso – Se teus olhos
Jamais houvessem dissimulado o amor na minha cara –
Se como algum monge insano, eu arrancasse
Os nervos da virilidade na sua sangrenta raiz

With mine own quivering fingers, so that ne'er
Our hearts had for a moment mingled there
To disunite in horror – these were not
With thee, like some suppressed and hideous thought
Which flits athwart our musings, but can find
No rest within a pure and gentle mind...
Thou sealedst them with many a bare broad word,
And searedst my memory o'er them, – for I heard
And can forget not... they were ministered
One after one, those curses. Mix them up
Like self-destroying poisons in one cup,
And they will make one blessing which thou ne'er
Didst imprecate for, on me, – death.

. . . .

                          "It were
A cruel punishment for one most cruel,
If such can love, to make that love the fuel
Of the mind's hell; hate, scorn, remorse, despair:
But me – whose heart a stranger's tear might wear
As water-drops the sandy fountain-stone,
Who loved and pitied all things, and could moan
For woes which others hear not, and could see
The absent with the glance of phantasy,
And with the poor and trampled sit and weep,
Following the captive to his dungeon deep;
Me – who am as a nerve o'er which do creep
The else unfelt oppressions of this earth,
And was to thee the flame upon thy hearth,

Com meus próprios trêmulos dedos, para que
Nossos corações não pudessem, nem por um instante, ali
Unir-se para separarem-se no horror – essas ideias
Não seriam para ti, qual pensamento suprimido e terrível
Que esvoaça em nossa imaginação, não encontrando
Repouso numa mente pura e gentil;
Selaste-os com muitas palavras incisivas e contundentes,
Cauterizando sobre eles minha memória – pois as escutei
E não consigo esquecê-las; essas maldições
Foram ministradas uma após outra. Misture-as
Qual veneno autodestrutivo numa taça, e tornar-se-ão
Uma bênção que jamais invocaste para mim – a morte.

. . . .

                                "Foi uma

Punição cruel para alguém tão cruel,
Se é possível amar fazendo desse amor o fomento
Do inferno da mente – ódio, escárnio, remorso e desespero:
Mas *eu*, cujo coração as lágrimas de um coração estranho
Afetam, qual gotas d'água que marcam a pedra da fonte,
Que amava e de tudo apiedava-se, e podia gemer
Por males que outros mal ouvem, e podia ver
Os ausentes com o vislumbre da fantasia,
E com os pobres e oprimidos sentava-se, chorando
Seguindo o cativo a seu profundo calabouço;
Eu – que sou como nervo sobre o qual arrastam-se
As opressões não sentidas de outra maneira nesta terra,
E era para ti a chama de teu lar,

When all beside was cold – that thou on me
Shouldst rain these plagues of blistering agony –
Such curses are from lips once eloquent
With love's too partial praise – let none relent
Who intend deeds too dreadful for a name.
Henceforth, if an example for the same
They seek... for thou on me lookedst so, and so –
And didst speak thus... and thus... I live to show
How much men bear and die not!

. . . .

                                          "Thou wilt tell,
With the grimace of hate, how horrible
It was to meet my love when thine grew less;
Thou wilt admire how I could e'er address
Such features to love's work... this taunt, though true,
(For indeed Nature nor in form nor hue
Bestowed on me her choicest workmanship)
Shall not be thy defence... for since thy lip
Met mine first, years long past, since thine eye kindled
With soft fire under mine, I have not dwindled
Nor changed in mind or body, or in aught
But as love changes what it loveth not
After long years and many trials.

                                          "How vain
Are words! I thought never to speak again,
Not even in secret, – not to mine own heart –
But from my lips the unwilling accents start,

Quando tudo estava gélido: – sobre mim
Derramavas estas pústulas de agonia!
Essas maldições provêm de lábios, certa feita eloquentes
Com o elogio demasiado parcial do amor! Que não cessam
Aqueles que pretendem coisas medonhas e inomináveis.
Se quiserem um exemplo
Disso – pois assim me consideraste,
E assim falaste – e assim – vivo para provar
Quanto podem aguentar os homens sem morrer!

. . . .

                                          "Contarás,
Com o semblante contraído de ódio, quão horrível
Era encontrar meu amor quando o teu esmaecia;
Admirarás como pude conduzir tudo isso
À obra do amor – esse insulto, embora verdadeiro
(Pois, de fato, a natureza nem na forma ou aparência
Regalou-me sua melhor artesania)
Não te servirá como defesa; pois teus lábios primeiro
Encontraram os meus, anos atrás, – desde que teus olhos
Se incandesceram pelos meus com suaves flamas, – não definhei
Nem mudei em mente, corpo nem nada
A não ser aquilo que o amor transforma o que não ama
Após muitos anos de provações.

                            "Quão vãs
São as palavras! Pensei que jamais fosse falar novamente,
Nem em segredo, não para meu próprio coração,
Mas de meus lábios principia-se a fala involuntária,

And from my pen the words flow as I write,
Dazzling my eyes with scalding tears… my sight
Is dim to see that charactered in vain
On this unfeeling leaf which burns the brain
And eats into it… blotting all things fair
And wise and good which time had written there.

  "Those who inflict must suffer, for they see
The work of their own hearts, and this must be
Our chastisement or recompense – O child!
I would that thine were like to be more mild
For both our wretched sakes… for thine the most
Who feelest already all that thou hast lost
Without the power to wish it thine again;
And as slow years pass, a funereal train
Each with the ghost of some lost hope or friend
Following it like its shadow, wilt thou bend
No thought on my dead memory?

. . . .
                              "Alas, love!
Fear me not… against thee I would not move
A finger in despite. Do I not live
That thou mayst have less bitter cause to grieve?
I give thee tears for scorn and love for hate;
And that thy lot may be less desolate
Than his on whom thou tramplest, I refrain
From that sweet sleep which medicines all pain.
Then, when thou speakest of me, never say

E de minha pena fluem as palavras enquanto escrevo,
Ofuscando-me com lágrimas escaldantes... minha visão
Está fraca demais para discernir o que está escrito em vão
Nesta folha insensível que incendeia a mente
E a corrói – maculando as coisas sublimes,
Sábias e boas que os anos nela têm escrito.

"Aqueles que infringem a lei devem sofrer, pois entreveem
A obra de seus próprios corações, e este deve ser
Nosso castigo ou recompensa. – Ó criança!
Gostaria que teu coração fosse mais suave
Para o bem de nós dois, malditos – mais suave melhor
Que já sentes tudo que perdestes
Sem o poder de querer que fosse teu novamente;
E enquanto os anos lentos passam, o funéreo trem
Leva em cada vagão o espectro de alguma esperança
Ou amigo perdido, seguindo-o qual sombra.
Não dirigirás nenhum pensamento à minha memória morta?
. . . .
"Ai, amor!
Não me temas – contra ti não moveria
Um dedo com despeito. Não vivo
Para que tenhas uma razão menos amarga para sofrer?
Dou-te lágrimas pelo desprezo e amor pelo ódio;
E para que teu destino torne-se menos solitário
Que o dele, sobre quem pisas; abstenho-me
Daquele doce sono que sana toda dor.
Então, quando falares de mim, não digas jamais

'He could forgive not.' Here I cast away
All human passions, all revenge, all pride;
I think, speak, act no ill; I do but hide
Under these words, like embers, every spark
Of that which has consumed me – quick and dark
The grave is yawning... as its roof shall cover
My limbs with dust and worms under and over
So let Oblivion hide this grief... the air
Closes upon my accents, as despair
Upon my heart – let death upon despair!"

He ceased, and overcome leant back awhile,
Then rising, with a melancholy smile
Went to a sofa, and lay down, and slept
A heavy sleep, and in his dreams he wept
And muttered some familiar name, and we
Wept without shame in his society.
I think I never was impressed so much;
The man who were not, must have lacked a touch
Of human nature... then we lingered not,
Although our argument was quite forgot,
But calling the attendants, went to dine
At Maddalo's; yet neither cheer nor wine
Could give us spirits, for we talked of him
And nothing else, till daylight made stars dim;
And we agreed his was some dreadful ill
Wrought on him boldly, yet unspeakable,
By a dear friend; some deadly change in love

'Não pude perdoar'. Aqui descarto-me
De todas paixões humanas, toda vingança e todo orgulho;
Penso, falo e não cometo mal algum; apenas oculto
Sob essas palavras, como cinzas, cada chama
Do que me consumiu. Rápido e escuro
O túmulo murmura – tal como seu teto cobrirá
Meus membros com pó e vermes, acima e embaixo,
Deixa o Esquecimento ocultar essa dor – o ar
Finda minhas palavras, qual o desespero,
Meu coração – que venha a morte sobre o desespero!"

Ele terminou de falar e encostou-se,
Então, levantando-se com um melancólico sorriso
Dirigiu-se ao sofá, deitou e adormeceu
Profundamente, e nos seus sonhos chorou
E murmurou algum nome familiar, e
Penalizados, sem pudor, caímos em pranto.
Penso que jamais fiquei tão impressionado;
O homem que não ficasse, estaria afastado
Da natureza humana. – Não demoramos muito por lá,
Embora nossa discussão fosse deixada de lado,
Chamando os criados, fomos jantar
Na casa de Maddalo; mas nem a alegria ou o vinho
Propiciaram-nos algo aprazível, pois falamos dele
E apenas dele, até que a aurora apagasse as estrelas;
Concordamos que padecia de um mal terrível
Que afetava-o gravemente, embora indizível, causado
Por uma querida amiga; algum forte impacto amoroso

Of one vowed deeply, which he dreamed not of;
For whose sake he, it seemed, had fixed a blot
Of falsehood on his mind which flourished not
But in the light of all-beholding truth;
And having stamped this canker on his youth
She had abandoned him – and how much more
Might be his woe, we guessed not – he had store
Of friends and fortune once, as we could guess
From his nice habits and his gentleness;
These were now lost... it were a grief indeed
If he had changed one unsustaining reed
For all that such a man might else adorn.
The colors of his mind seemed yet unworn;
For the wild language of his grief was high,
Such as in measure were called poetry;
And I remember one remark which then
Maddalo made. He said: "Most wretched men
Are cradled into poetry by wrong,
They learn in suffering what they teach in song."

If I had been an unconnected man
I, from this moment, should have formed some plan
Never to leave sweet Venice, – for to me
It was delight to ride by the lone sea;
And then, the town is silent – one may write
Or read in gondolas by day or night,
Having the little brazen lamp alight,
Unseen, uninterrupted; books are there,

De uma comprometida que jamais sonhara
Sobre a qual fixara uma mácula
De falsidade em sua mente que florescia apenas
À luz de uma verdade compreensível;
E após estampar este cancro em sua juventude
Ela acabou por abandoná-lo – e qual
Não teria sido a sua dor – jamais saberemos;
Tivera amigos e fortuna, como pudemos notar
Por seus bons modos e cortesia;
Tudo se fora – era realmente uma pena
Que tivesse trocado por um caniço quebrado
Todo tesouro que um homem como ele pudesse obter.
As cores de sua mente pareciam ainda intocadas;
Pois a palavra selvagem de sua dor era intensa,
Que com métrica chamamos poesia;
Lembro-me de uma observação
Feita por Maddalo. Ele falou: "A maioria dos infortunados
São nutridos de poesia pelo mal,
Aprendem no sofrimento o que ensinam na canção".

Se tivesse sido um homem sem obrigações
Eu, desde este momento haveria armado algum plano
Para jamais deixar a doce Veneza, – pois para mim
Era fenomenal cavalgar lado ao mar solitário;
Pois a cidade é silente – pode-se ler
Ou escrever nas gôndolas dia e noite,
Com a lamparina de bronze acesa,
Despercebido, sem parar; contemplamos livros,

Pictures, and casts from all those statues fair
Which were twin-born with poetry, and all
We seek in towns, with little to recall
Regrets for the green country. I might sit
In Maddalo's great palace, and his wit
And subtle talk would cheer the winter night
And make me know myself, and the firelight
Would flash upon our faces, till the day
Might dawn and make me wonder at my stay:
But I had friends in London too: the chief
Attraction here, was that I sought relief
From the deep tenderness that maniac wrought
Within me – 'twas perhaps an idle thought –
But I imagined that if day by day
I watched him, and but seldom went away,
And studied all the beatings of his heart
With zeal, as men study some stubborn art
For their own good, and could by patience find
An entrance to the caverns of his mind,
I might reclaim him from this dark estate:
In friendships I had been most fortunate –
Yet never saw I one whom I would call
More willingly my friend; and this was all
Accomplished not; such dreams of baseless good
Oft come and go in crowds and solitude
And leave no trace – but what I now designed
Made for long years impression on my mind.

Quadros e moldes de todas as belas estátuas
Que nasceram gêmeas à poesia, e tudo
Que buscamos nas cidades, tornando-nos pouco
Saudosos dos verdes prados. Sentava-me
No grande palácio de Maddalo, sua agudeza
E sutil conversação, animariam as noites de inverno
Fazendo com que eu me conhecesse, e as flamas
Iluminariam nossas faces, até o dia
Clarear, questionando-me sobre minha demora:
Eu também tinha amigos em Londres. Mas o principal
Que aqui atraía-me era o alívio que procurava da profunda
Ternura que aquele maníaco despertara-me
Talvez fosse um vão pensamento,
Mas imaginei que se dia pós dia
Observasse-o e raramente dele me afastasse,
Estudando zelosamente todas as batidas de seu coração
Tal como os homens aprofundam-se numa difícil arte,
Para seu próprio bem, e pudesse pacientemente encontrar
Uma entrada para as cavernas de sua mente,
Poderia recuperá-lo de seu tenebroso estado.
Fora sempre feliz em minhas amizades,
Mas jamais encontrara alguém que pudesse
Chamar com mais fervor de amigo; e tudo isso
Não fora cumprido; tais sonhos infundados, muitas vezes
Surgem e desaparecem, quando solitário ou na multidão,
E não deixam rastro, – mas aquilo que almejava
Marcou-me profundamente por vários anos.

The following morning, urged by my affairs,
I left bright Venice.

                     After many years
And many changes I returned; the name
Of Venice, and its aspect, was the same;
But Maddalo was travelling far away
Among the mountains of Armenia.
His dog was dead. His child had now become
A woman; such as it has been my doom
To meet with few, – a wonder of this earth,
Where there is little of transcendent worth, –
Like one of Shakespeare's women: kindly she,
And, with a manner beyond courtesy,
Received her father's friend; and when I asked
Of the lorn maniac, she her memory tasked,
And told as she had heard, the mournful tale:
"That the poor sufferer's health began to fail
Two years from my departure, but that then
The lady who had left him, came again.
Her mien had been imperious, but she now
Looked meek – perhaps remorse had brought her low.
Her coming made him better, and they stayed
Together at my father's – for I played,
As I remember, with the lady's shawl –
I might be six years old – but after all
She left him"… "Why, her heart must have been tough:
How did it end?" "And was not this enough?

Na manhã seguinte, devido a negócios,
Abandonei a fulgurante Veneza.

Após vários anos
E muitas mudanças, voltei; o nome
De Veneza e seu aspecto, permaneciam iguais;
Mas Maddalo estava distante, viajando
Pelas montanhas da Armênia.
Seu cão morrera. Sua filha tornara-se
Mulher; tal como as raras que meu destino
Levara-me a conhecer, um prodígio dessa terra,
Onde pouco encontra-se de valor transcendental,
Como aquelas mulheres de Shakespeare. Generosa,
E com maneiras extremamente gentis,
Recebeu o amigo de seu pai; ao perguntar-lhe
Sobre o louco abandonado, ela pode lembrar-se
E revelou-me que ouvira sua triste história:
"A saúde daquele pobre sofredor começou a decair
Dois anos após minha partida, mas a dama
Que o deixara, acabou por retornar,
E seu jeito arrogante tornara-se doce
– Talvez levada a este estado pelo remorso.
Sua chegada o fez melhorar, e ficaram
Juntos na casa de meu pai – pois brincava,
E lembro-me bem disso, com o xale dela –
Creio que tinha seis anos – mas por fim
Ela o deixou". "Seu coração devia ser duro:
Mas como isso terminou?" "Não teria sido suficiente?

They met – they parted." "Child, is there no more?"
"Something within that interval which bore
The stamp of why they parted, how they met:
Yet if thine agèd eyes disdain to wet
Those wrinkled cheeks with youth's remembered tears,
Ask me no more, but let the silent years
Be closed and cered over their memory
As yon mute marble where their corpses lie."
I urged and questioned still, she told me how
All happened – but the cold world shall not know.

Encontraram-se e separaram-se"; "Menina, nada mais a dizer?"
"Algo havia naquele período que timbrava
A marca de *por que* separaram-se e *como* conheceram-se:
Mas se teus olhos idosos desdenham de molhar
A face enrugada com lágrimas relembradas da juventude,
Não mais perguntes, mas deixa os anos silenciosos
Cerrarem-se e selarem-se sobre tua memória
Como aquele silente mármore onde jazem os corpos".
Insisti e perguntei-lhe mais uma vez; ela contou-me como
Tudo ocorrera – mas isso, o gélido mundo jamais saberá.

Sobre os Tradutores

ALBERTO MARSICANO, graduado em Filosofia pela Universidade de São Paulo (USP), é autor de *Idiomalabarismos, Sendas Solares* (poesia), *Rimbaud por Ele Mesmo, Jim Morrison por Ele Mesmo, Crônicas Marsicanas, A Música Clássica da Índia*, e das traduções *Escritos de William Blake, Haikai – Antologia da Poesia Clássica Japonesa, Sijô – Poesiacanto Coreana Clássica, Nas Invisíveis Asas da Poesia* – antologia da poesia de John Keats, *Trilha Estreita ao Confim*, de Basho, *O Olho Imóvel pela Força da Harmonia*, antologia de poesia de William Wordsworth (pela Ateliê Editorial), *O Casamento do Céu e do Inferno e Outros Escritos*, de William Blake, e *Conversas com Gaudi*, de César Martinell Brunet. Introdutor da cítara clássica indiana (*sitar*) no Brasil e discípulo de Ravi Shankar e Krishna Chakravarty da Universidade de Benares (BHU), gravou os CDs *Benares, Impressionismos, Raga do Cerrado, Quintessência, Electric Sitar* (também lançado na Rússia e na China), *Isto Não É um Livro de Viagem*, com o poeta Haroldo de Campos, *Benares – Music for Yoga and Healing*, e *Sitar Hendrix* e *Sitar Beatles* (ambos lançados nos Estados Unidos).

JOHN MILTON, nascido em Birmingham, Inglaterra, é Professor Associado na área de Língua Inglesa e Literaturas de Língua Inglesa na Universidade de São Paulo (USP). É autor de *O Poder da Tradução* (reeditado como *Tradução: Teoria e Prática*); *O Clube do Livro e a Tradução*, e *Imagens de um Mundo Trêmulo*, um livro de viagens sobre o Japão. Traduziu várias obras ao inglês, incluindo *Morte e Vida Severina*, e, junto com Marilise Bertin, fez versões bilíngues adaptadas de *Hamlet*, *Romeu e Julieta*, e *Otelo*. Junto com Marsicano traduziu Keats, *Nas Invisíveis Asas da Poesia*, e Wordsworth, *O Olho Imóvel pela Força da Harmonia* (pela Ateliê Editorial).

Título	*Sementes Aladas. Antologia Poética de Percy Bysshe Shelley*
Tradução	Alberto Marsicano
	John Milton
Editor	Plinio Martins Filho
Produção Editorial	Aline Sato
Capa	Tomás Martins
Editoração Eletrônica	Daniel Lopes Argento
	Luciana Milnitzky
Formato	14 x 21 cm
Tipologia	Minion Pro
Papel	Pólen Soft 80 g/m² (miolo)
Número de Páginas	160
Impressão do Miolo	Gráfica Vida e Consciência